社会保险业务经办实务

许东黎　周欣　编著

图书在版编目（CIP）数据

社会保险业务经办实务 / 许东黎，周欣编著 . -- 天津：天津大学出版社，2022.12
ISBN 978-7-5618-7374-8
Ⅰ . ①社… Ⅱ . ①许… ②周… Ⅲ . ①社会保险—保险业务—基本知识—中国 Ⅳ . ① F842.61

中国版本图书馆 CIP 数据核字 (2022) 第 245078 号

SHEHUI BAOXIAN YEWU JINGBAN SHIWU

出版发行　天津大学出版社
地　　址　天津市卫津路 92 号天津大学内（邮编：300072）
电　　话　发行部：022-27403647
网　　址　www.tjupress.com.cn
印　　刷　北京盛通商印快线网络科技有限公司
经　　销　全国各地新华书店
开　　本　710mm×1000mm　1/16
印　　张　8.25
字　　数　206 千
版　　次　2022 年 12 月第 1 版
印　　次　2022 年 12 月第 1 次
定　　价　42.00 元

前 言

社会保险（简称“社保”）是经济发展的减震器、社会运行的稳定器，社会保险制度已经从最初的面向劳动者发展到覆盖全民。社会保险制度的发展使得全体人民的幸福感和获得感大大提升。参保单位、社保经办机构等的相关人员掌握办理社会保险业务所需的技能是社会保险事业稳步发展的需要。故《社会保险业务经办实务》一书对参保单位、个人以及社保经办机构都具有重要的意义。

北京劳动保障职业学院（以下简称学院）是经北京市人民政府批准、中华人民共和国教育部备案的全日制普通高等职业院校，其行政主管部门为北京市人力资源和社会保障局，教育主管部门为北京市教育委员会。学院 2019 年入选中国特色高水平高职学校、专业建设计划高水平专业群建设单位和北京市特色高水平职业院校，老年服务与管理专业教师团队入选首批国家级职业教育教师教学创新团队，该专业也是第一批北京市特色高水平骨干专业。2016 年，学院开始建设人力资源管理（服务）专业教学资源库，社会保险理论与业务经办作为其中的标准化课程，面向人力资源和社会保障专业群的所有专业进行课程建设。2019 年，学院入选人力资源国家级教学资源库建设项目，它推动了社会保险与业务经办课程的升级和改革，本书即为学院建设国家级教学资源库的配套教材之一。

2019 年 12 月 16 日发布的《教育部关于印发〈中小学教材管理办法〉〈职业院校教材管理办法〉和〈普通高等学校教材管理办法〉的通知》（教材〔2019〕3 号）中提到，对于教材编写，要求“编排科学合理、梯度明晰，图、文、表并茂，生动活泼，形式新颖。名称、名词、术语等符合国家有关技术质量标准和规范。倡导开发活页式、工作手册式新形态教材”。2021 年 12 月，学院人力资源和社会保障专业群入选第三批北京市职业院校特色高水平骨干专业（群）建设名单。为响应教育部及北京市教育委员会的要求，服务北京市人力资源和社会保障特色高水平专业群建设，本书编写时采用活页和工作手册式开发模式，在形式和内容上得到北京医疗保障信息平台建设单位、国家示范性职业教育集团理事单位、北京市人力资源和社会保障“双师型”教师培养基地联合单位首都信息发展股份有限公司社保事业部专家刘磊、吕延的悉心指导和资源支持。

本书作为校企合作开发的新形态教材，按照相关工作内容展开，包括社会保险登记、征缴、待遇支付、权益记录等内容，着重从业务办理流程和程序操作上给予直观的展示，并结合实际业务办理，梳理了常见的思维误区、相关业务的操作要点与注意事项，且附有对应的视频操作资源供读者反复观摩学习。此外，书中配有相应的习题，帮助学习者巩固知识、提升能力且进行多情景下的拓展演练，提高学习效率。本书适合高职、中职院校师生使用，如需了解实训教学系统和获取教学最新资源情况，可在智慧职教官网搜索“社保政策解析”进入培训课程，或联系笔者邮箱 snowdroping@126.com。

本书中举例时使用的员工姓名、居民身份证号等个人信息均为虚构。

由于编者水平有限，加之时间仓促，偏颇之处在所难免，恳请读者斧正。

编者

2022 年 1 月

教学资源使用方法

用手机扫描学习任务右侧二维码图标，获取相关内容。

目录

学习情景一 登记业务经办

学习领域（一）普通单位用户

学习任务1 新参保人员登记申报

新参保人员登记申报

一、任务描述

某公司新入职一位刚毕业的硕士研究生，姓名陈蕾（身份证号110103199609220629），现为其办理在京社保新参保增员工作。

二、业务流程

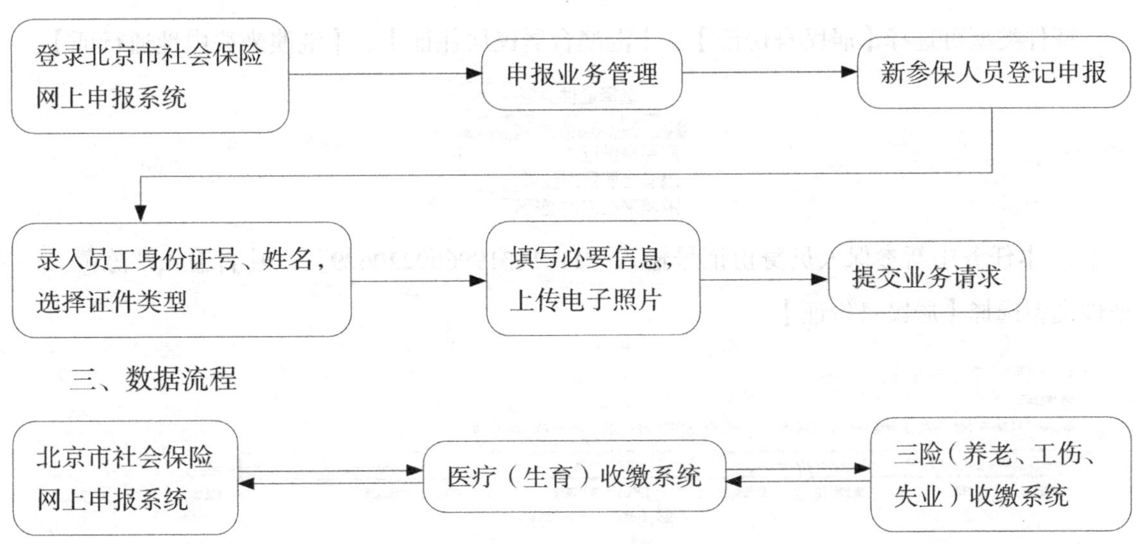

三、数据流程

四、业务操作

1. 功能简介

新参保人员登记申报功能适用于为养老、工伤、失业、医疗、生育保险均在北京的未参保人员办理个人参保登记业务。

2. 业务办理时间

每月 4 日至月末倒数第 2 天，每日早 6：00 至晚 6：00。

3. 操作流程

（1）新参保人员增加申报

1）登录北京市社会保险网上申报系统后，单击【申报业务管理】。

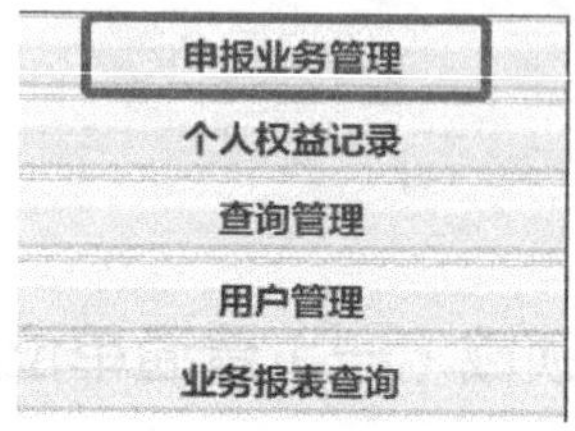

2）选择【新参保人员登记申报】。

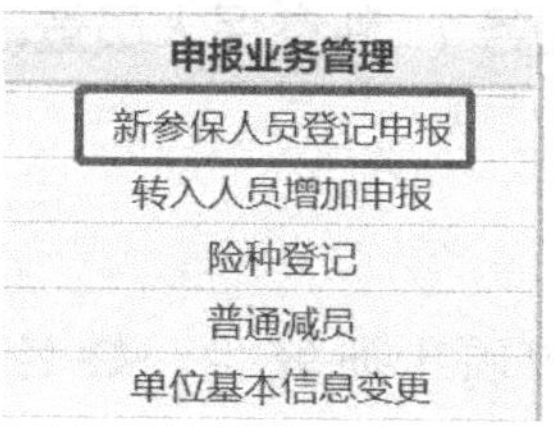

3）在【请选择证件类型】的下拉菜单下选择证件类型，输入新参保人员证件号码、姓名，单击【确定】按钮。

证件类型可选择【居民身份证】、【港澳台居民居住证】、【港澳来往内地通行证】。

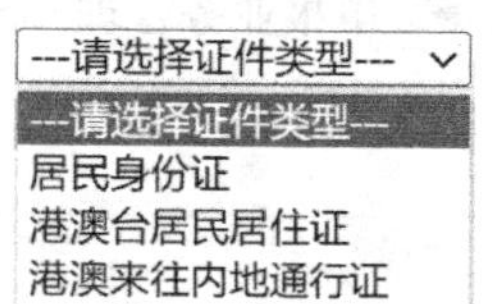

※ 本任务中新参保人员身份证号输入“110103199609220629”，姓名输入“陈蕾”，证件类型选择【居民身份证】。

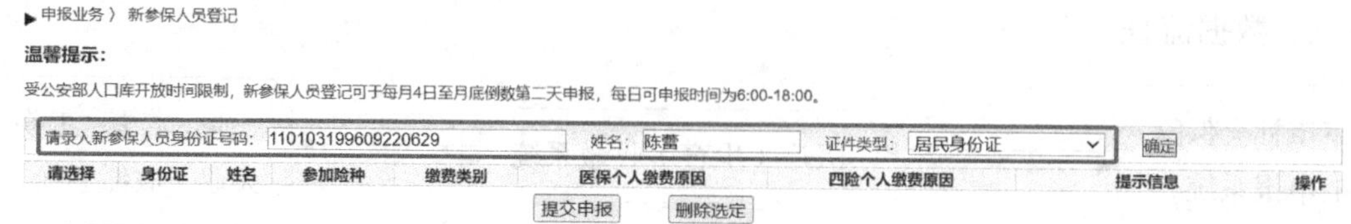

4）选择【参加险种】，填写个人登记信息，上传【电子照片】，选择【定点医疗机构】，单击【提交】按钮。

注意：深色项为必填项。

【电子照片】要求：本人近期一寸、正面、免冠、彩色、白底照片，服装颜色与背景颜色反差要大；jpg 格式；宽度 358 像素，高度 441 像素；文件不小于 9KB，不大于 20KB。

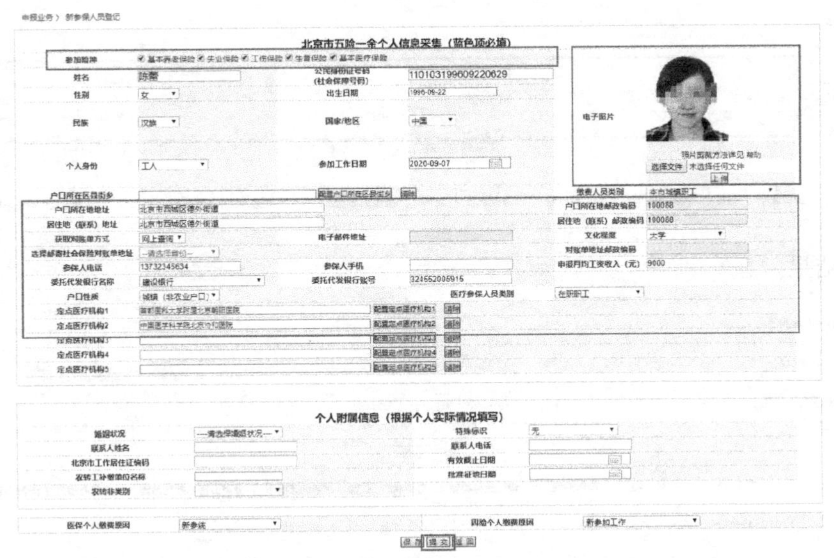

5）提交后系统将显示本次申报业务结果。

您在2020-08-21申报的交易流水号为2020082123850938的业务导入成功，
请点击此链接获取《新发与补（换）社会保障卡领卡证明》

重新提交　返回

※ 本任务中提示“业务导入成功”，说明用人单位对新入职员工陈蕾的新参保人员登记申报的操作已经成功，增员状态已生效。

（2）申报信息状态查询

该功能用于查找历史申报交易，查看申报交易状态。

1）单击【查询管理】。

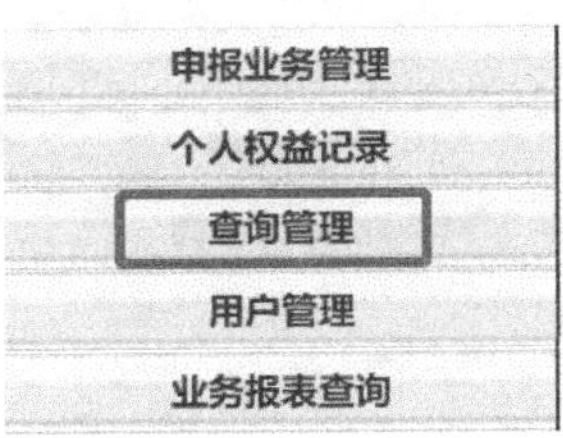

2）选择【申报信息状态查询】。

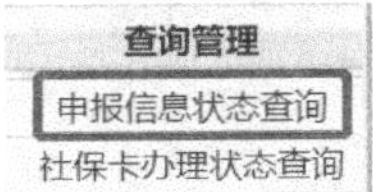

3）输入查询条件，单击【查询】按钮。

※ 本任务中申报流水号应输入“2020082123850938”。

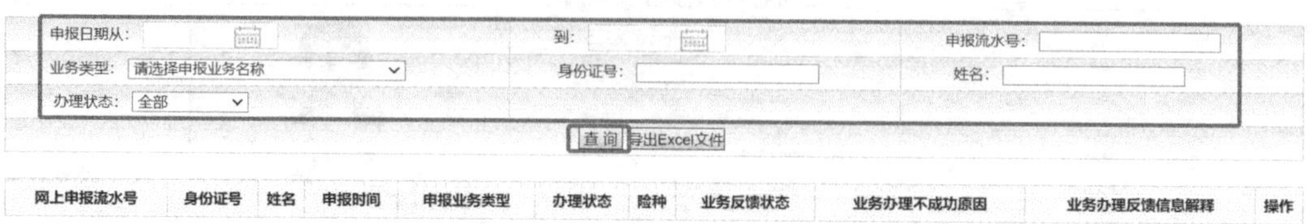

4）查看结果。

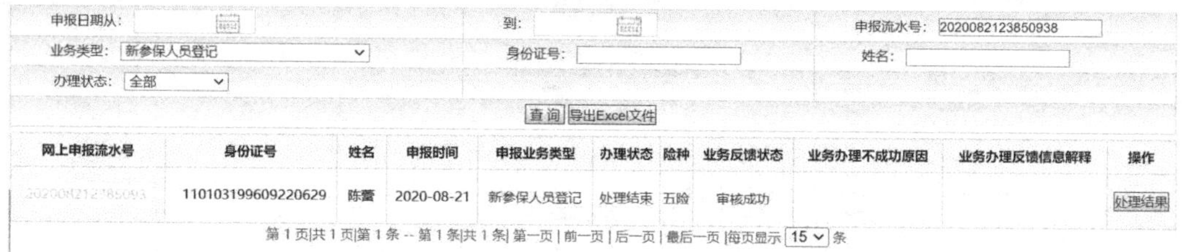

※ 本任务中结果展示的陈蕾的新参保人员登记申报业务反馈状态为“审核成功”。

【业务反馈状态】情况说明如下。

审核成功：新参保人员登记申报成功。

审核失败：新参保人员登记申报失败。

（3）打印个人信息登记表

该功能用于打印新参保人员登记申报业务办理成功人员的“北京市五险一金个人信息登记表”。

1）单击【业务报表查询】。

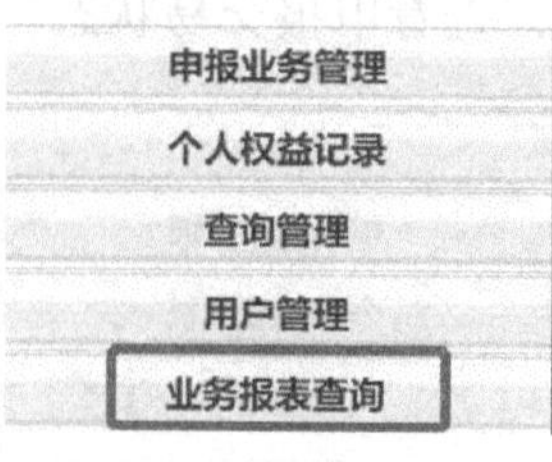

2）选择【个人信息登记表】。

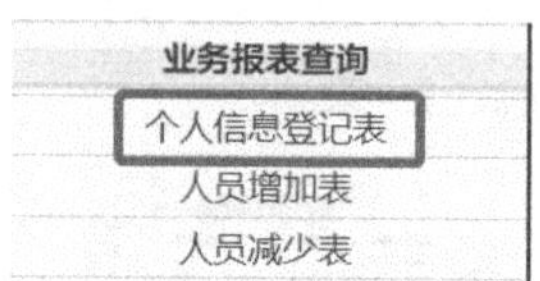

3）录入查询条件，单击【查询】按钮。

※ 本任务中申报流水号应输入“2020082123850938”。

▶ 报表打印 〉个人信息登记表查询

从: 到: 姓名: 身份证号: 申报流水号: 20200821238509З

查 询

4）查看结果，下载并打印。

（4）打印人员增加表

该功能用于打印新参保人员登记申报业务办理成功人员的“北京市社会保险参保人员增加表”。

1）单击【业务报表查询】。

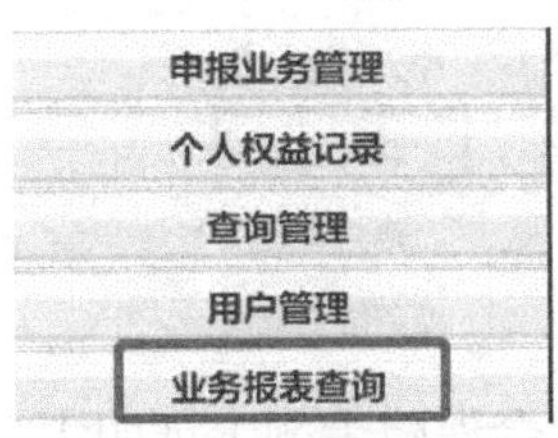

2）选择【人员增加表】。

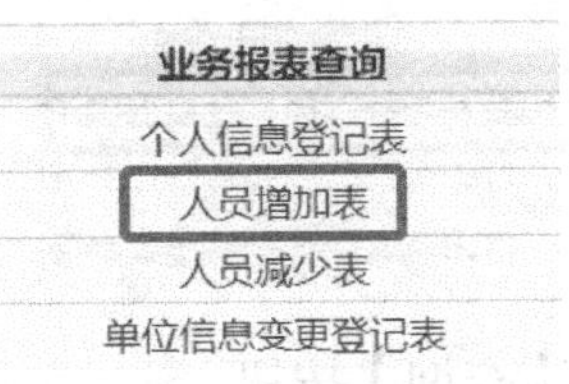

3）录入查询条件，单击【查询】按钮。

【业务类型】可选择【新参保】、【普通增员】、【险种登记】。

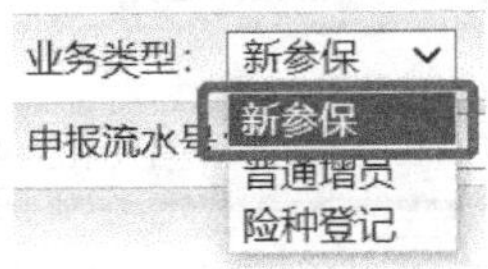

※ 本任务中申报流水号应输入“2020082123850938”，业务类型选择【新参保】。

4）查看结果，下载并打印。

勾选记录	申报时间	申报信息流水号	居民身份证号	姓名	业务类型	四险反馈状态	医疗反馈状态
☑	2020-08-21	2020082123850938	110103199609220629	陈蕾	新参保人员登记	成功	成功

（5）打印“新发与补（换）社会保障卡领卡证明”

该功能用于打印新参保人员登记申报业务办理成功人员的“新发与补（换）社会保障卡领卡证明”。

1）单击【查询管理】。

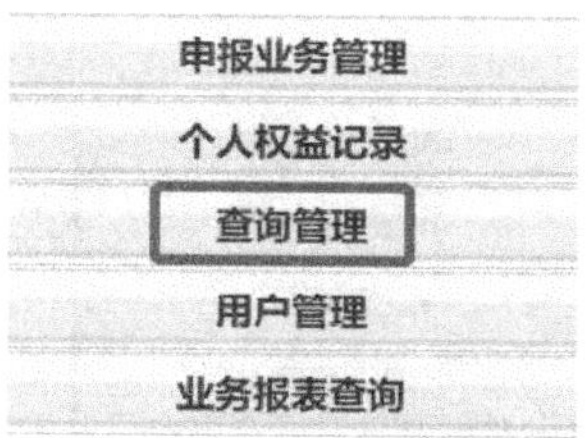

2）选择【打印新发与补（换）社会保障卡领卡证明】。

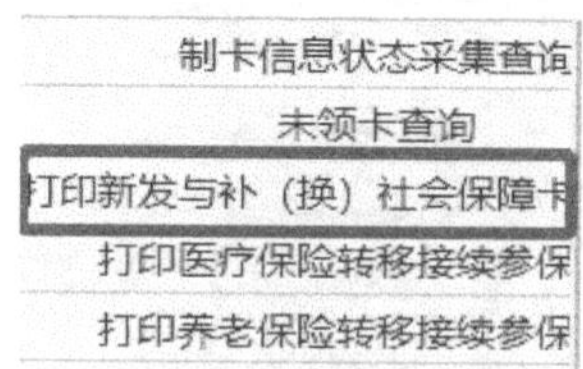

3）输入姓名和身份证号，单击【查询】按钮。

※ 本任务中姓名输入“陈蕾”，身份证号输入“110103199609220629”。

▶ 个人信息查询 〉打印新发与补（换）社会保障卡领卡证明

姓名： 陈蕾 身份证号： 110103199609220629 查 询

4）查看结果，下载并打印。

姓名：陈祎 身份证号：110103199609220629 查询

姓名：陈蕾 身份证号：110109199609220329 下载证明

新发与补（换）社会保障卡领卡证明

社会保障卡服务网点：北京市社会保障卡服务网点 业务专用章

12888310700S

姓名	陈蕾	性别	女	社会保障号码	110103199609220629
医疗参保人员类别	在职职工			业务类型	新参保
定点医疗机构	首都医科大学附属北京朝阳医院			中国医学科学院北京协和医院	
特殊病定点医疗机构				特殊病有效期限	
特殊病种					
取卡日期	2020年12月08日			使用期限	2020年09月01日 至 2021年02月01日

打印日期：2020年09月09日

使用说明：

1、本证明须妥善保管，申领人在领取社保卡时，须提交本人《居民身份证》和本证明。
2、申领人在本证明标注的使用期限内，可凭本证明到本人选定的定点医疗机构就医，发生的医疗费用由个人全额现金垫付，领取社保卡后按手工报销流程办理。
3、本证明不得外借、伪造，不得冒名顶替就诊，一经发现依法处理。

（6）个人基本信息查询

该功能用于查看新参保人员登记申报业务办理成功人员的个人基本信息。个人基本信息查询在新参保人员登记申报办理成功 1 小时后方可操作。

1）单击【查询管理】。

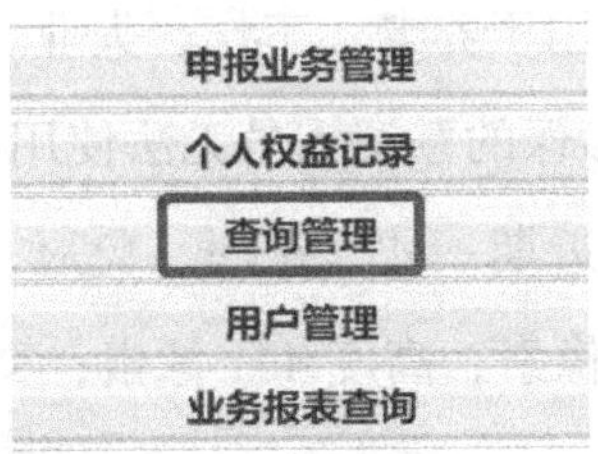

2）选择【个人基本信息查询】。

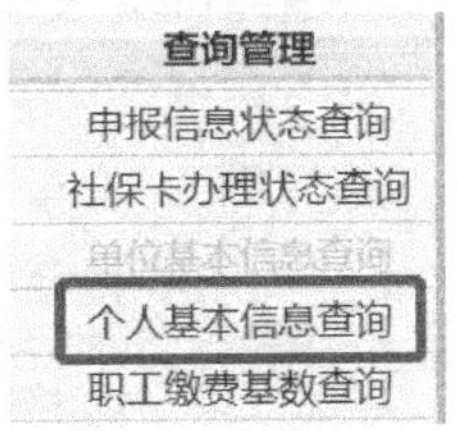

3）输入身份证号码和姓名，单击【查询】按钮。

※ 本任务中身份证号输入“110103199609220629”，姓名输入“陈蕾”。

查询管理 〉个人基本信息查询

身份证号码：110103199609220629 姓名：陈蕾 查询

4）查看结果。

▶ 查询管理 〉个人基本信息查询

身份证号码：110103199609220629 姓名：陈蕾 查询

单位名称：中国奔驰汽车贸易股份有限公司 统一社会信用代码（组织机构代码）：91110000100023205F 社会保险登记号：91110000100023205F 所属区县：朝阳区 医保手册号：128883107005

*参加险种	[养老缴费（正常）缴费] [失业缴费（正常）缴费] [工伤缴费（正常）缴费] [生育缴费（正常）缴费] [医保缴费（正常）缴费]		
*姓 名	陈莆	*公民身份号码（社会保障号码）	110109199609220329
*性 别	女	*出生日期	19960922
*民 族	汉族	*国家/地区	中国
*个人身份	工人	*参加工作日期	20200907
户口所在区县街乡		*户口性质	农村（农业户口）
*户口所在地地址	北京市西城区德外街道	*户口所在地邮政编码	053000
*居住地(联系)地址	北京市西城区德外街道	*居住地（联系）邮政编码	102600
选择邮寄社会保险对账单地址		对账单邮政编码	
*获取对账单方式	网上查询 电子邮件地址	*文化程度	初中
*参保人电话	13732345634 参保人手机	*申报月均工资收入（元）	2200
*证件类型		*证件号码	
*委托代发银行名称	建设银行	*委托代发银行账号	324552005915
*缴费人员类别	外埠农村劳动力	*医疗参保人员类别	在职职工
离退休类别		离退休日期	
定点医疗机构1	首都医科大学附属北京朝阳医院	定点医疗机构2	中国医学科学院北京协和医院
定点医疗机构3		定点医疗机构4	
定点医疗机构5		*是否患有特殊病	无特殊病
外籍人员信息			
护照号码		外国人居留证号码	
外国人证件类型		外国人证件号码	
附属信息			
联系人姓名		联系人电话	
《北京市工作居住证》编码		有效截止日期	
工种		农转非类别	
批准征地日期		农转工补缴单位名称	
申报报销单位社保号		申报报销单位名称	
社会保险补助开始时间		社会保险补助截止时间	
手工报销街道			
工种补充资料			
特殊工种	工作起始时间	所在单位名称	统一社会信用代码（组织机构代码）

打印登记表 打印登记表主表

4. 操作重点

1）新参保人员登记申报功能用于养老、工伤、失业、医疗、生育保险均在北京的未参保人员，五险中存在部分险种已参保的登记人员无法使用此功能。

2）【电子照片】要求：本人近期一寸、正面、免冠、彩色、白底、服装颜色与背景颜色反差要大；jpg 格式；宽度 358 像素，高度 441 像素；文件不小于 9KB，不大于 20KB。

该电子照片用于制作社会保障卡，应符合格式要求：本人近期一寸、正面、免冠、彩色、白底、服装与背景的颜色反差要大的电子照片，jpg格式，宽度：358像素，高度：441像素；文件不小于9KB，不大于20KB。

电子照片

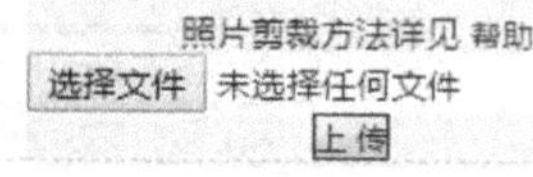

3）申报反馈页面提示“业务导入成功”，说明新参保人员登记申报业务办理成功，增员状态立即生效。

您在2020-08-21申报的交易流水号为2020082123850938的业务导入成功，请点击此链接获取《新发与补（换）社会保障卡领卡证明》

4）输入参保人员身份证号和姓名，不可有空格、特殊字符等；姓名如果包含生僻字或“·”则无法办理。

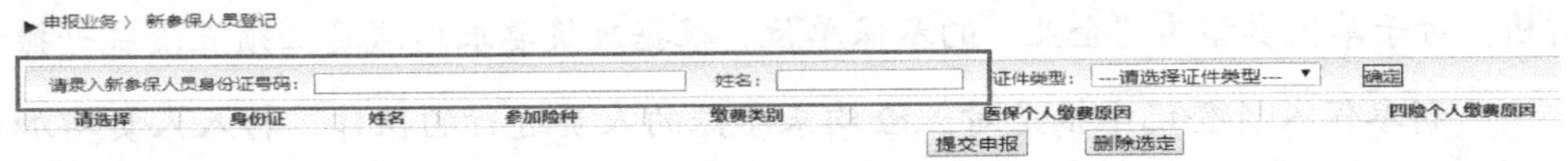

5）单位类型为“企业”的单位必须进行五险统一新参保增员，即【参加险种】中的五个险种必须全部勾选。单位类型不是“企业”的单位，除相关政策要求必须参加的险种外，选择增员险种小于或等于单位参加险种。

北京市五险一金个人信息采集（蓝色项必填）

参加险种	□基本养老保险 □失业保险 □工伤保险 □生育保险 □基本医疗保险		
姓名	陈天浩	居民身份证号码（社会保障号码）	110105199611225414
性别	男	出生日期	1996-11-22

6）个人基本信息于新参保人员登记申报业务办理成功1小时后可进行查询。

7）申报月均工资收入只可以录入整数数字。

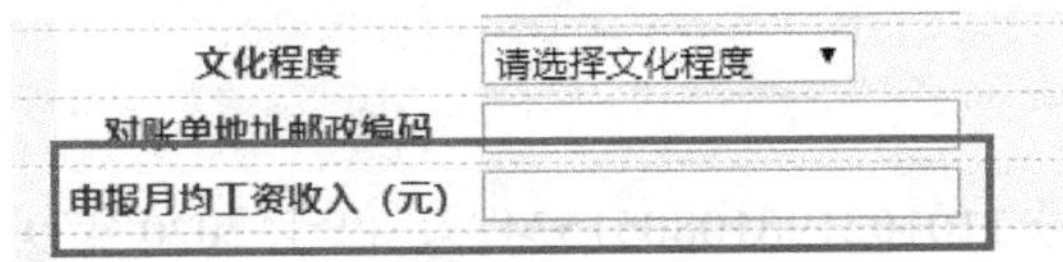

习题

1.（多选）新参保人员登记申报时上传电子照片有哪些要求？

A. 本人近期一寸、正面、免冠、彩色、白底照片

B. jpg 格式照片文件

C. 照片文件的宽度 358 像素，高度 441 像素

D. 照片文件不小于 9KB，不大于 20KB

答：【　　】

解析：在新参保人员登记申报时上传的电子照片用于制作社会保障卡，应符合格式要求：本人近期一寸、正面、免冠、彩色、白底照片、服装颜色与背景颜色反差要大；jpg 格式；宽度 358 像素，高度 441 像素；文件不小于 9KB，不大于 20KB。

2. 原单位仅缴纳工伤、失业保险，养老、生育、医疗保险未参保，单位类型为“企业”的单位为此人办理社保增员应该通过哪项申报业务进行办理？

A. 新参保人员登记　　　　B. 转入人员增加

C. 险种登记　　　　　　D. 以上均不是

答：【　　】

解析：对于单位类型为“企业”的参保单位，根据政策要求增减员必须五险统一操作。新参保人员登记申报是对五险均未参保的人员进行的操作；转入人员增加申报是对五险均已登记且状态为减员的人员进行的操作；险种登记申报是对已在本单位参加医疗保险，养老、失业、工伤三险中部分险种在本单位参保的人员，进行养老、失业、工伤三险中未参保的险种参保登记的操作。

转入人员增加申报

学习任务 2　转入人员增加申报

一、任务描述

员工蔡晨（身份证号 110102198108051534），已于 2020 年 9 月 2 日从原单位离职，原单位已对蔡晨正常办理减员操作。蔡晨于 2020 年 9 月 7 日入职某用人单位并签订用工劳动合同，新用人单位的单位类型为“企业”，根据相关规定其应为员工蔡晨缴纳五险。

新用人单位于 2020 年 9 月 30 日前对员工蔡晨进行社保增员操作。

二、业务流程

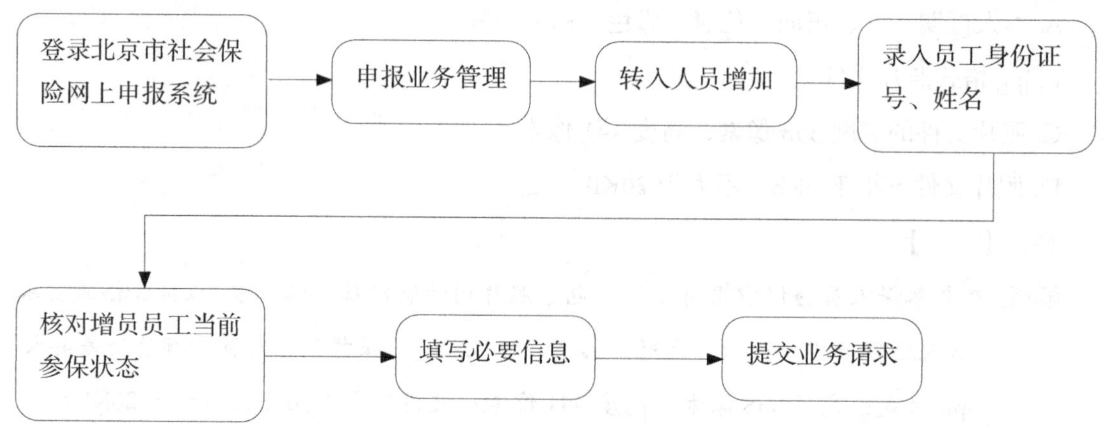

三、数据流程

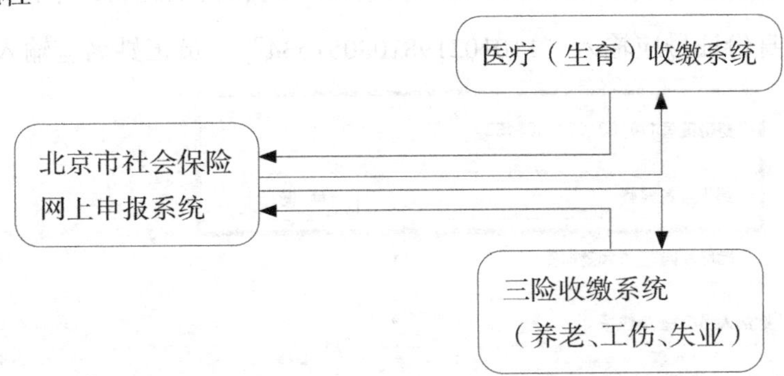

四、业务操作

1. 功能简介

转入人员增加申报功能用于为已在北京参加过社会保险的人员办理社会保险续保增员业务。

2. 业务办理时间

每月 4 日至月底最后 1 天，每日早 6：00 至晚 10：00。

3. 操作流程

（1）转入人员增加申报

1）登录北京市社会保险网上申报系统后，单击【申报业务管理】。

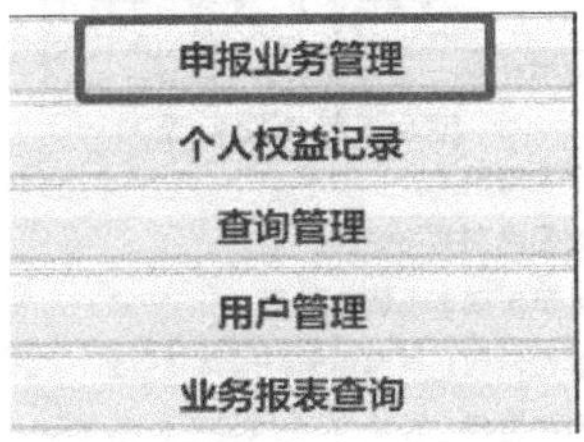

2）选择【转入人员增加申报】。

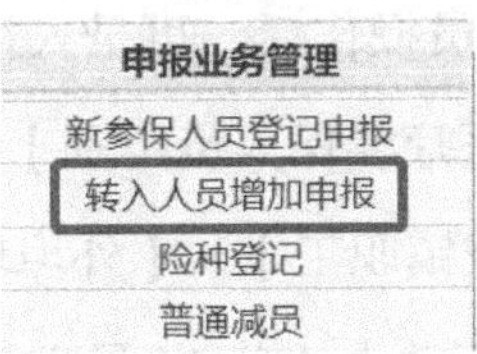

3）在【转入人员增加申报】页面中单击【普通增员】按钮。

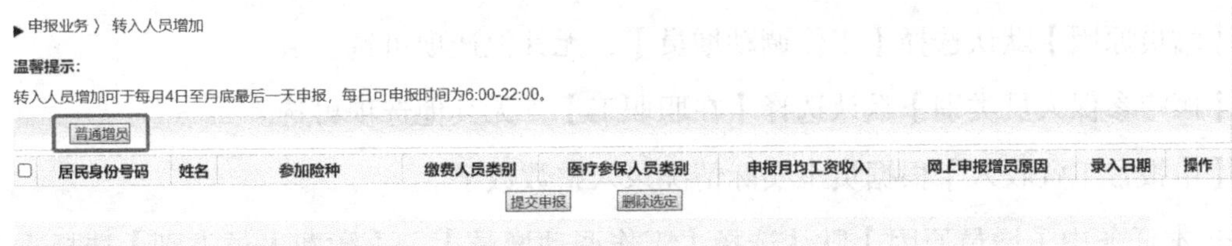

4）打开【普通增员】操作页面后，输入身份证号码和员工姓名，单击【查询】按钮。

※ 本任务中身份证号应输入“110102198108051534”，员工姓名应输入“蔡晨”。

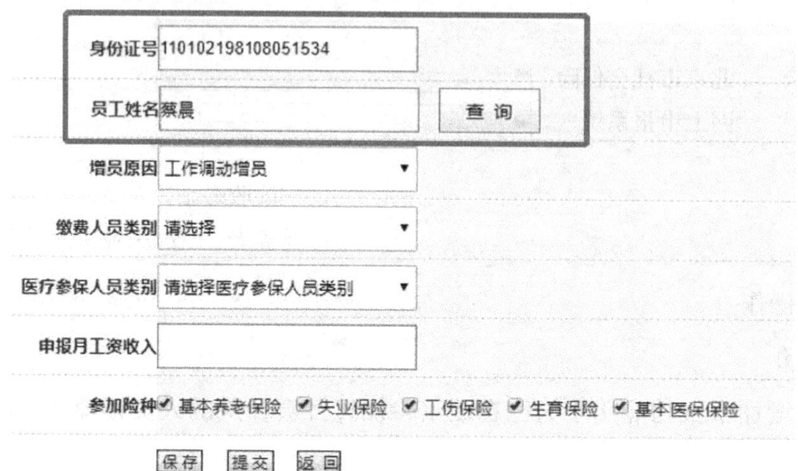

5）单击【查询】按钮，查看人员当前状态。

【缴费状态】中养老、失业、工伤缴费为“(中断)转出未转入”、医保缴费为“（暂停）缴费”时可进行增员业务操作；并查看医疗、四险缴费人员类别。

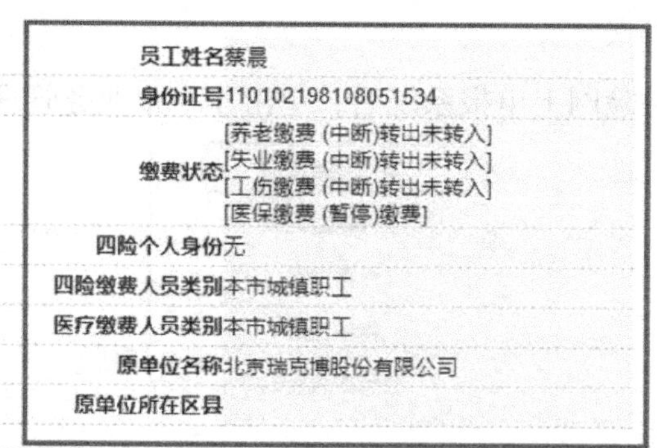

6）在确认可对员工蔡晨进行增员操作后，可录入社保增员所需的必要信息，包括【增员原因】、【缴费人员类别】、【医疗参保人员类别】和【申报月工资收入】等。

【缴费人员类别】包括【本市城镇职工】、【外埠城镇职工】、【本市农村劳动力】、【外埠农村劳动力】、【外埠农村劳动力（养 24 号文）】、【港澳台从业人员】，可根据上一步查询到的类别进行选择。

【增员原因】默认选择【工作调动增员】，无其他选项可选。

【医疗参保人员类别】默认选择【在职职工】，无其他选项可选。

【申报月工资收入】根据员工实际情况录入整数数字。

※ 本任务中【增员原因】默认选择【工作调动增员】，【缴费人员类别】选择【本市

城镇职工】,【医疗参保人员类别】默认选择【在职职工】,【申报月工资收入】录入“8500”。

身份证号 110102198108051534

员工姓名 蔡晨 查 询

增员原因 工作调动增员

缴费人员类别 本市城镇职工

医疗参保人员类别 在职职工

申报月工资收入 8500

参加险种 ☑基本养老保险 ☑失业保险 ☑工伤保险 ☑生育保险 ☑基本医保保险

保存 提交 返回

7）确认转入增员人员蔡晨的个人信息无误后，单击【提交】按钮。

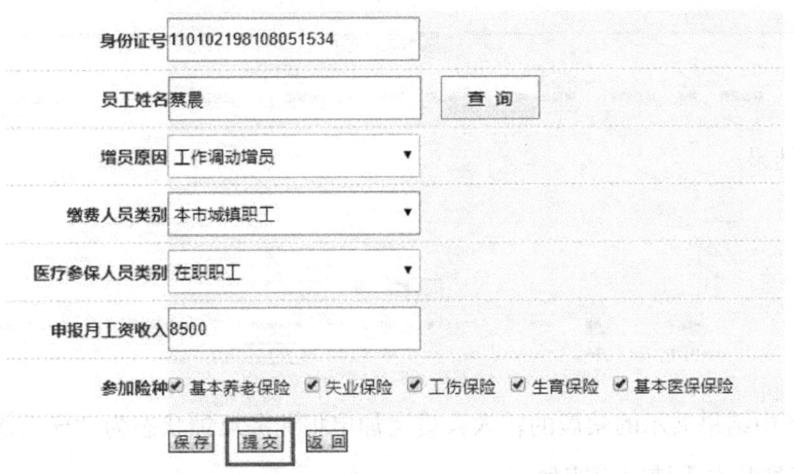

8）提交后系统显示本次申报业务结果。

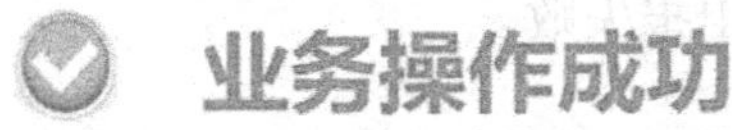

您在2020-09-08申报流水号为 2020090810208015的转入人员增加业务操作成功!

返回

※ 本任务中提示“业务操作成功”，说明用人单位对新入职员工蔡晨进行的转入增员操作已经成功，增员状态已生效。

（2）申报信息状态查询

该功能用于查找历史申报交易，查看申报交易状态。

1）单击【查询管理】。

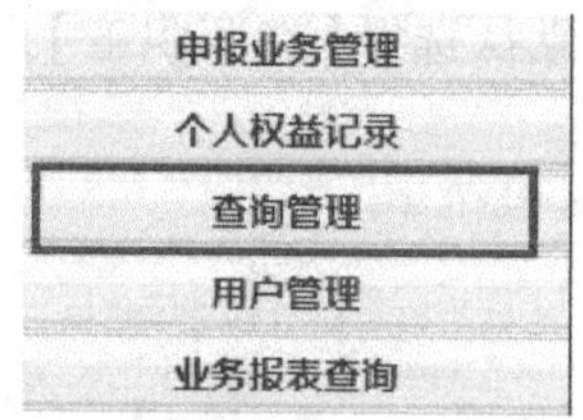

2）选择【申报信息状态查询】。

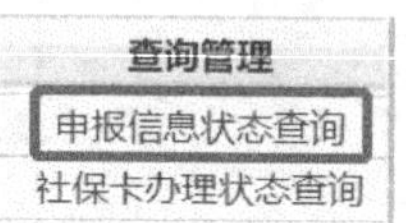

3）输入查询条件，单击【查询】按钮。

※ 本任务中申报流水号应输入“2020090810208015”。

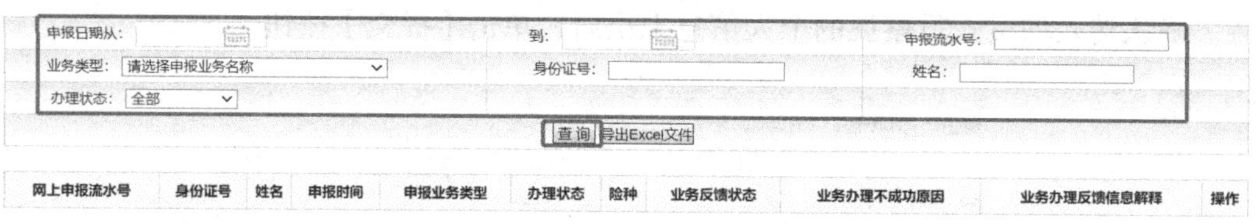

4）查看结果。

※ 本任务中结果展示的蔡晨的转入人员增加申报业务反馈状态为“导入成功”。

【业务反馈状态】情况说明如下。

导入成功：转入人员增加申报成功。

导入失败：转入人员增加申报失败。

（3）打印人员增加表

该功能用于打印转入人员增加申报业务办理成功人员的“北京市社会保险参保人员增加表”。

1）单击【业务报表查询】。

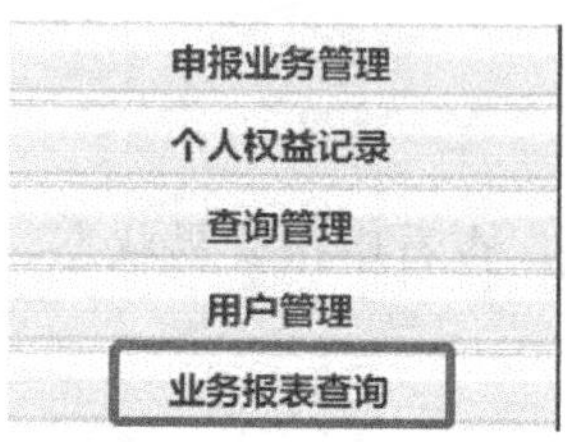

2）选择【人员增加表】。

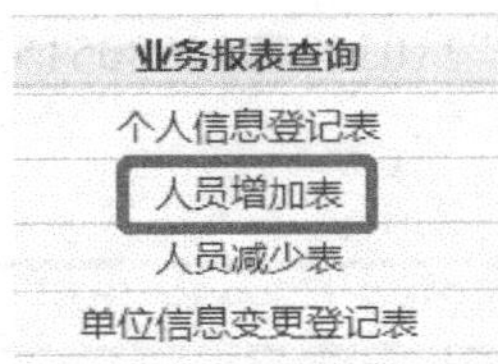

3）录入查询条件，单击【查询】按钮。

报表打印 〉人员增加表查询

从：2020-09-08　到：2020-09-08　业务类型：普通增员
姓名：　身份证号：　申报流水号：202009081020801
查询

【业务类型】可选择【新参保】、【普通增员】、【险种登记】。

※ 本任务中申报流水号应输入“2020090810208015”，业务类型选择【普通增员】。

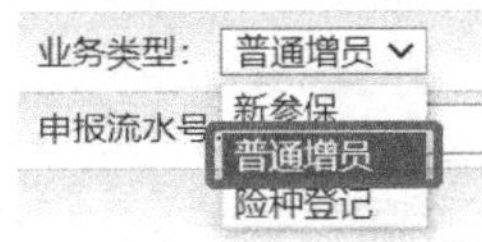

4）查看结果，下载并打印。

（4）个人基本信息查询

该功能用于查看转入人员增加申报业务办理成功人员的个人基本信息。

1）单击【查询管理】。

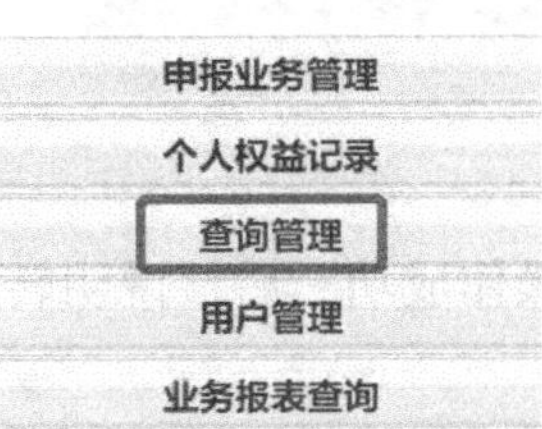

2）选择【个人基本信息查询】。

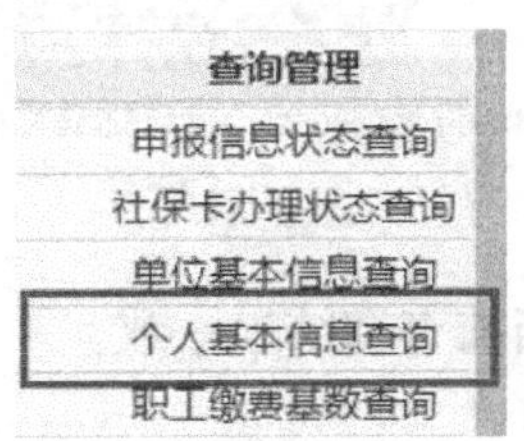

3）输入身份证号码和姓名，单击【查询】按钮。

※ 本任务中身份证号码应输入“110102198108051534”，姓名应输入“蔡晨”。

▶ 查询管理 〉个人基本信息查询

身份证号码：110102198108051534 姓名：蔡晨 查询

4）查看结果。

※ 本任务中参加险种均为正常缴费。

▶ 查询管理 〉个人基本信息查询

身份证号码：110102198108051534 姓名：蔡晨 查询

单位名称：中国奔驰汽车贸易股份有限公司 统一社会信用代码（组织机构代码）：91110000100023205F 社会保险登记号：91110000100023205F 所属区县：朝阳区 医保手册号：10014273800S

*参加险种	[养老缴费（正常）缴费] [失业缴费（正常）缴费] [工伤缴费（正常）缴费] [生育缴费（正常）缴费] [医保缴费（正常）缴费]		暂无照片
*姓名	蔡晨	*公民身份号码（社会保障号码）	110102198108051534
*性别	男	*出生日期	19810805
*民族	汉族	*国家/地区	中国
*个人身份	无(四险)工人(医保)	*参加工作日期	20060501
户口所在区县街乡		*户口性质	城镇（非农业户口）
*户口所在地地址	北京市东城区北京崇文区	*户口所在地邮政编码	
*居住地(联系)地址	北京市东城区北京崇文区	*居住地（联系）邮政编码	100024(医保)
选择邮寄社会保险对账单地址		对账单邮政编码	
*获取对账单方式	网上查询 电子邮件地址	*文化程度	高中(医保)
*参保人电话	68229952 参保人手机	*申报月均工资收入（元）	8500
*证件类型		*证件号码	
*委托代发银行名称	北京银行（只限本市）(医保)	*委托代发银行账号	1004123784
*缴费人员类别	本市城镇职工	*医疗参保人员类别	在职职工
离退休类别		离退休日期	
定点医疗机构1	朝阳医院	定点医疗机构2	北京市第一中西医结合医院
定点医疗机构3	三间房第二社区卫生服务中心	定点医疗机构4	民航总医院
定点医疗机构5		*是否患有特殊病	无特殊病
外籍人员信息			
护照号码		外国人居留证号码	
外国人证件类型		外国人证件号码	
附属信息			
联系人姓名		联系人电话	
《北京市工作居住证》编码		有效截止日期	
工种		农转非类别	
批准征地日期		农转工补缴单位名称	
申报报销单位社保号		申报报销单位名称	
社会保险补助开始时间		社会保险补助截止时间	
手工报销街道			
工种补充资料			
特殊工种	工作起始时间	所在单位名称	统一社会信用代码（组织机构代码）

打印登记表 打印登记表主表

4. 操作重点

1）申报反馈页面提示“业务操作成功”后，说明转入人员增加申报业务办理成功，增员状态立即生效。

业务操作成功！

您在2020-09-08申报流水号为 2020090810208015的转入人员增加业务操作成功！

返回

2）【缴费人员类别】必须与当前查询结果一致。

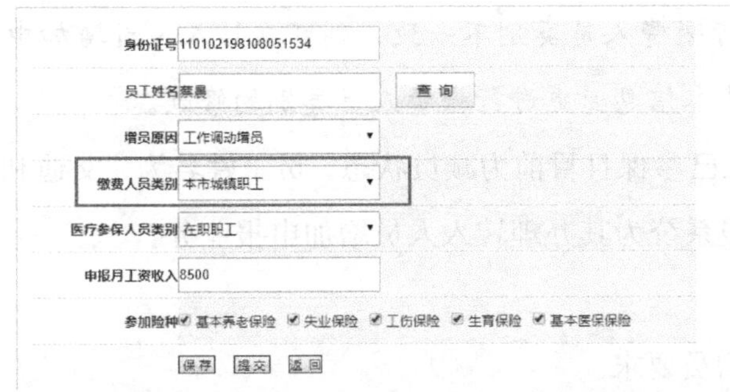

员工姓名蔡晨
身份证号110102198108051534
缴费状态[养老缴费 (中断)转出未转入] [失业缴费 (中断)转出未转入] [工伤缴费 (中断)转出未转入] [医保缴费 (暂停)缴费]
四险个人身份无
四险缴费人员类别本市城镇职工
医疗缴费人员类别本市城镇职工
原单位名称北京瑞克博股份有限公司
原单位所在区县

3）【申报月工资收入】只可以录入整数数字。

4）单位类型为“企业”的单位必须进行五险统一转入增员。单位类型不是“企业”的单位，除相关政策要求必须参加的险种外，选择增员险种小于或等于单位参加险种。

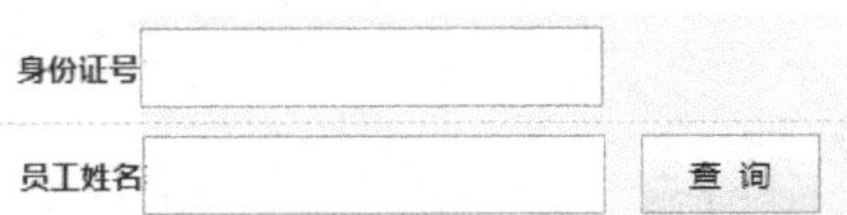

5）个人基本信息于转入增员申报业务办理成功 1 小时后可进行查询。

6）输入身份证号和姓名，不可有空格、特殊字符等；姓名如果包含生僻字或“·”则无法办理。

身份证号
员工姓名 查 询

习题

1. 在进行转入人员增加申报时，系统中查询出该名待增加员工的【缴费人员类别】为【外埠城镇职工】，但与其本人核实后，其缴费人员类别应该为【本市城镇职工】，此时的转入人员增加申报中的【缴费人员类别】应该如何选择？

A. 本市城镇职工　　　　B. 外埠城镇职工

C. 本市农村劳动力　　　D. 外埠农村劳动力

答：【　　】

解析：转入人员增加申报中填写的缴费人员类别应与该人员参保时登记的缴费人员类

别（系统中显示的缴费人员类别）一致，否则无法提交。如果系统中显示的缴费人员类别确实与员工实际缴费人员类别不一致，则可在转入人员增加申报业务办理成功后，通过个人基本信息变更进行缴费人员类别的修改。

2. 一公司新入职一名员工，该员工已参保且目前为减员状态，员工姓名为“艾迪利·哈里克”，其公司是否可以通过网上申报系统为其办理转入人员增加申报业务？

A. 可以

B. 不可以，他的参保状态不符合增员要求

C. 不可以，他的姓名不符合增员要求

答：【　　】

解析：网上申报系统暂不支持为姓名中存在空格、“·”以及姓名中包含生僻字的人员办理各项申报业务。题目中该员工的姓名中包含了“·”，因此无法通过网上申报系统进行转入人员增加申报。

3. 在进行转入人员增加申报时，关于填写的申报月工资收入哪一项是正确的？

A. 8538　　B. 8538.25　　C. 8538.00　　D. 0

答：【　　】

解析：转入人员增加申报业务中的【申报月工资收入】只可以录入整数数字，不可录入小数，也不能录入0和负数。

学习任务3　普通减员

零星减员

3.1 零星减员

一、任务描述

某用人单位在职职工安鸿（身份证号230524198507020943），于2019年9月入职，并与用人单位签订为期一年的用工劳动合同。其用人单位的单位类型为“企业”，根据相关规定其应为职工安鸿缴纳五险。

今合同期满，用人单位经与本人协商不再续签劳动合同，于2020年9月30日前对职工安鸿进行社保减员操作。

二、业务流程

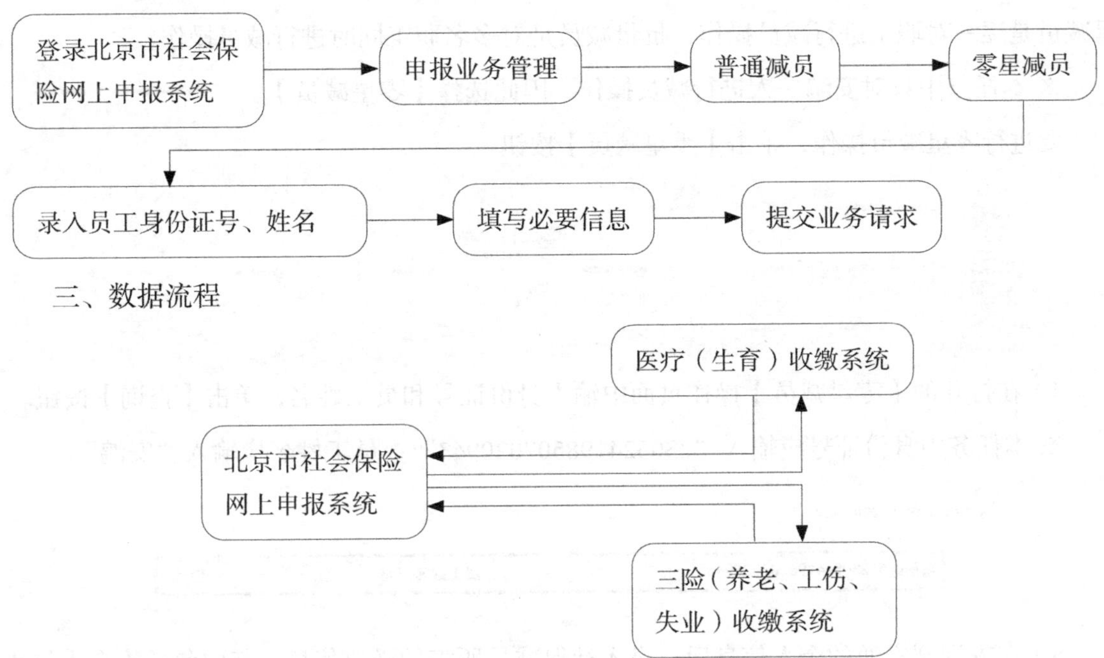

四、业务操作

1. 功能简介

零星减员功能用于用人单位逐一对本单位在职员工进行社会保险减员操作。

2. 业务办理时间

每月 4 日至月底最后 1 天，每日早 6：00 至晚 10：00。

3. 操作流程

（1）零星减员

1）登录北京市社会保险网上申报系统后，单击【申报业务管理】。

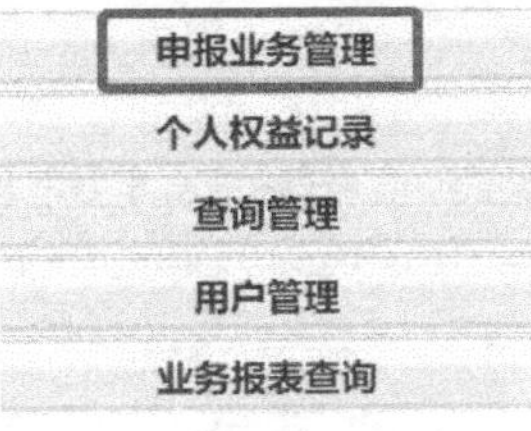

2）选择【普通减员】。

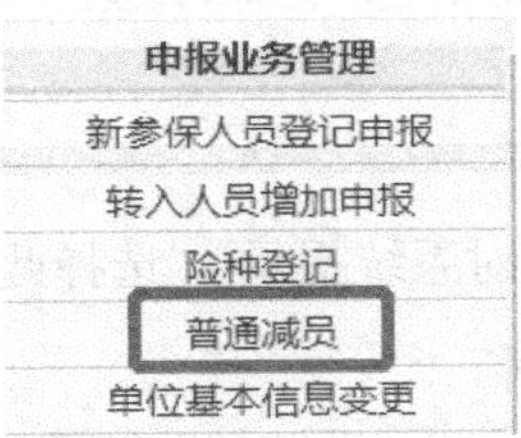

3）在【普通减员】中，可以选择【零星减员】和【批量减员】两种方式中的一种。零星减员是逐一对职工进行减员操作，批量减员是对多名职工同时进行减员操作。

※ 本任务中只对安鸿一人进行减员操作，因此选择【零星减员】。

要进行零星减员操作，单击【零星减员】按钮。

4）在打开的【零星减员】操作页面中输入身份证号和员工姓名，单击【查询】按钮。

※ 本任务中身份证号应输入“230524198507020943”，员工姓名应输入“安鸿”。

▸ 申报业务 〉 普通减员

身份证号 230524198507020943　　员工姓名 安鸿　查 询

5）在查询到安鸿的个人信息后，录入社保减员所需的必要信息，其中包括【个人停止缴费原因】和【缴费截至月份】等。

【个人停止缴费原因】包括【劳动合同期满】、【非本人意愿解除劳动合同】和【本人意愿解除劳动合同】。

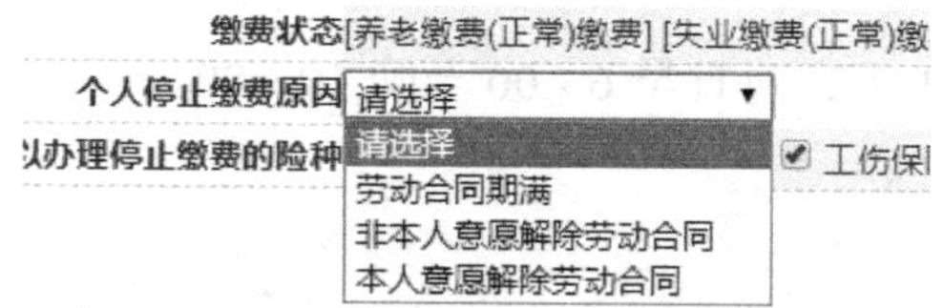

选择【劳动合同期满】和【非本人意愿解除劳动合同】时系统提示：“选择此项原因，个人可以申请失业保险金。”

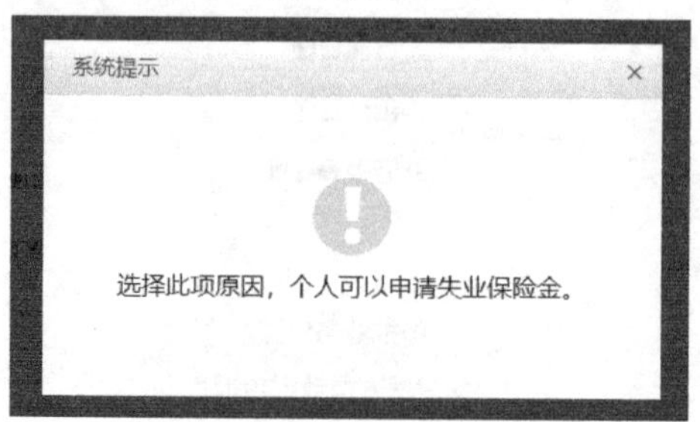

选择【本人意愿解除劳动合同】时系统提示：“选择此项原因，个人不能申领失业保险金，请确认。”

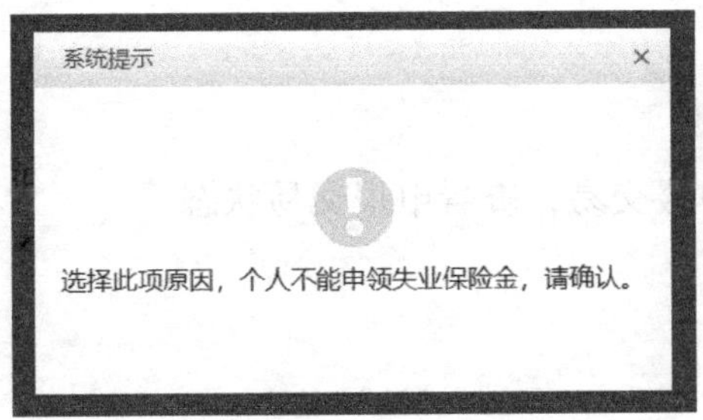

①劳动合同期满：劳动合同期满，用人单位与员工不再续约。

②非本人意愿解除劳动合同：劳动合同期内，用人单位解聘员工或在其他非员工本人意愿的情况下用人单位提前解除劳动合同。

③本人意愿解除劳动合同：劳动合同期内，员工提出离职申请提前解除劳动合同。

【缴费截至月份】默认为当前月的上个月，且无法进行修改。

※ 本任务中个人停止缴费原因应选择【劳动合同期满】，缴费截至月份为默认值，无须修改。

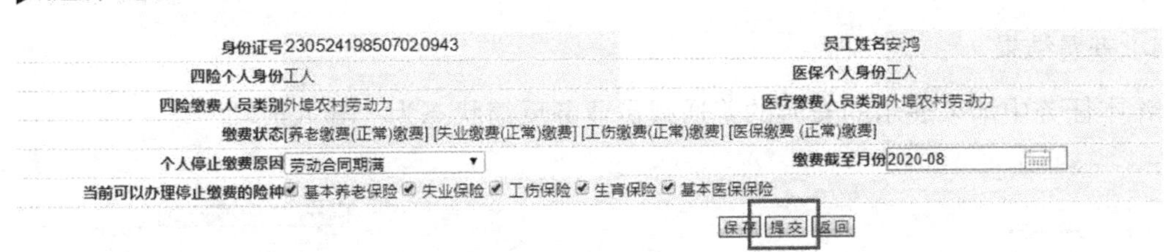

6）确认零星减员人员安鸿信息无误后，单击【提交】按钮。

申报业务 〉 普通减员

身份证号230524198507020943	员工姓名安鸿
四险个人身份工人	医保个人身份工人
四险缴费人员类别外埠农村劳动力	医疗缴费人员类别外埠农村劳动力
缴费状态[养老缴费(正常)缴费] [失业缴费(正常)缴费] [工伤缴费(正常)缴费] [医保缴费 (正常)缴费]	
个人停止缴费原因 劳动合同期满	缴费截至月份2020-08
当前可以办理停止缴费的险种 基本养老保险 失业保险 工伤保险 生育保险 基本医保保险	

保存 提交 返回

7）提交后系统显示本次申报业务结果。

返回

※ 本任务中提示“业务操作成功”，说明用人单位对员工安鸿的减员操作已经成功，

减员状态已生效。

（2）申报信息状态查询

该功能用于查找历史申报交易，查看申报交易状态。

1）单击【查询管理】。

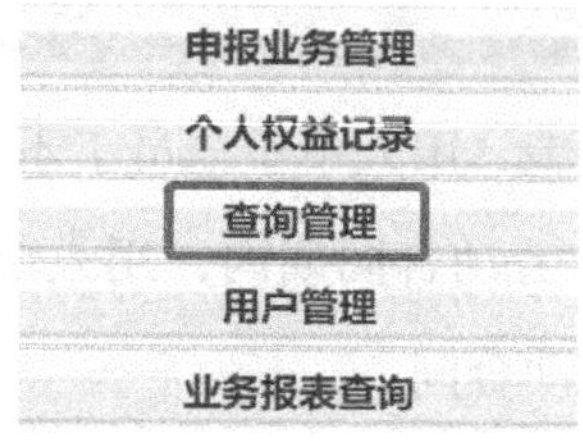

2）选择【申报信息状态查询】。

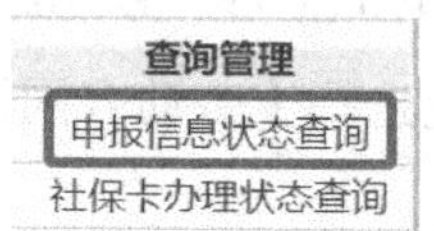

3）输入查询条件，单击【查询】按钮。

※ 本任务中申报流水号应输入“2020090924618586”。

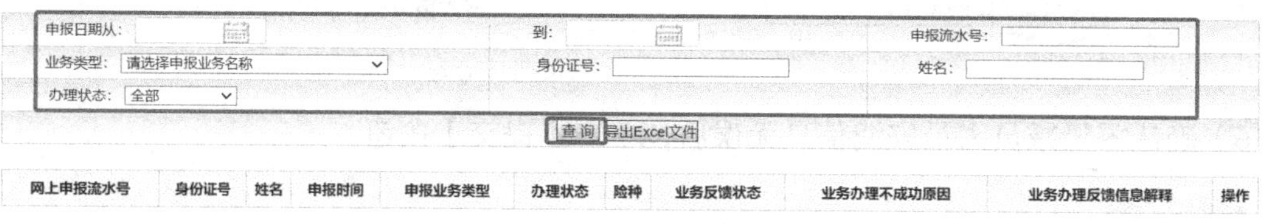

4）查看结果。

※ 本任务中结果展示的安鸿的普通减员业务反馈状态为“导入成功”。

【业务反馈状态】情况说明如下。

导入成功：普通减员—零星减员申报成功。

导入失败：普通减员—零星减员申报失败。

（3）打印人员减少表

该功能用于打印普通减员申报业务办理成功人员的“北京市社会保险参保人员减少表”。

1）单击【业务报表查询】。

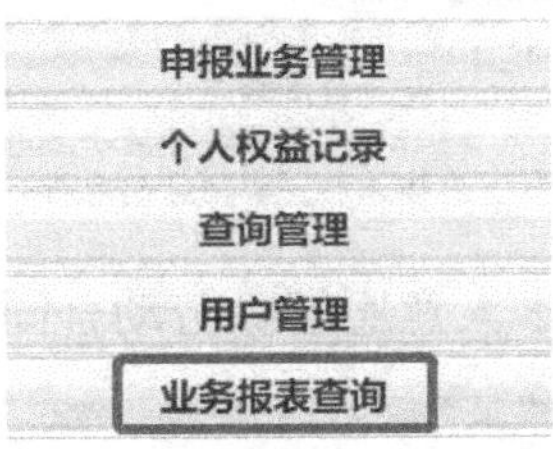

2）选择【人员减少表】。

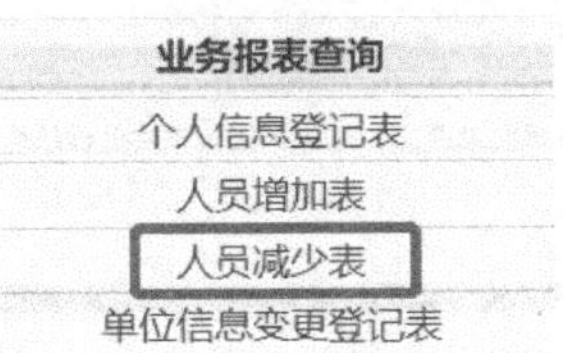

3）录入查询条件，单击【查询】按钮。

※ 本任务中申报流水号应输入“2020090924618586”。

4）查看结果，下载并打印。

4. 操作重点

1）提示“业务操作成功”后，减员状态立即生效。

2）单位类型为“企业”的单位必须进行五险统一减员，停止缴费险种默认为勾选状态。

当前可以办理停止缴费的险种☑ 基本养老保险 ☑ 失业保险 ☑ 工伤保险 ☑ 生育保险 ☑ 基本医保保险

3）个人停止缴费原因会影响离职员工失业保险金的申领。

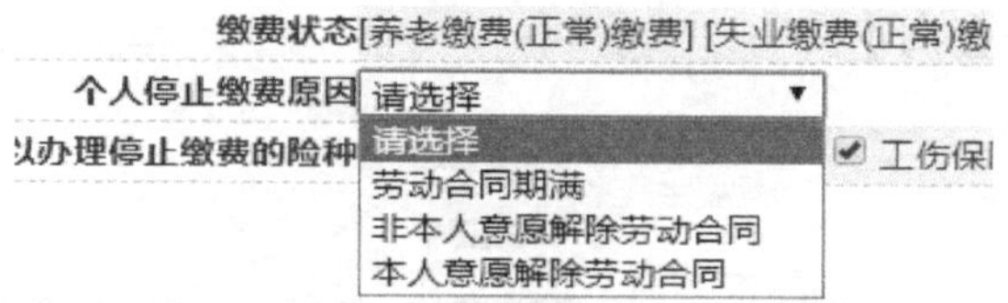

选择【劳动合同期满】和【非本人意愿解除劳动合同】时个人可以申请失业保险金。

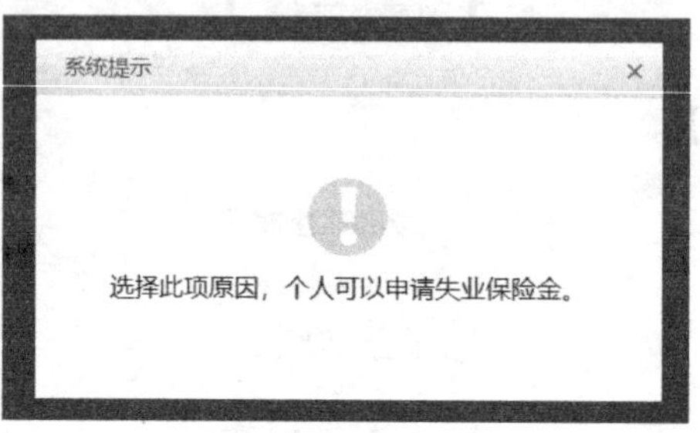

选择【本人意愿解除劳动合同】时个人不能申领失业保险金。

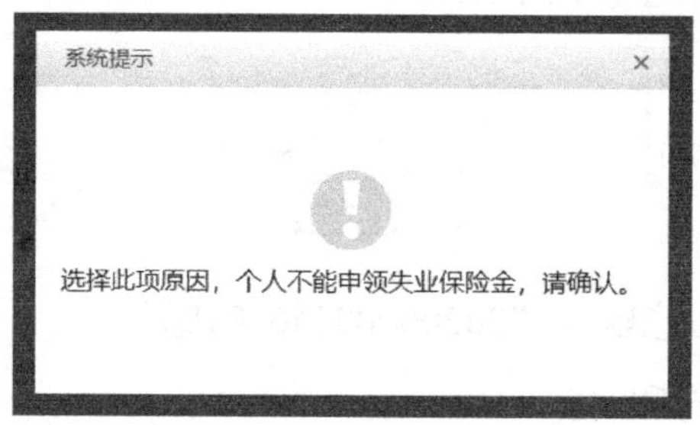

4）输入身份证号和姓名，不可有空格、特殊字符等；姓名如果包含生僻字或“·”则无法办理。

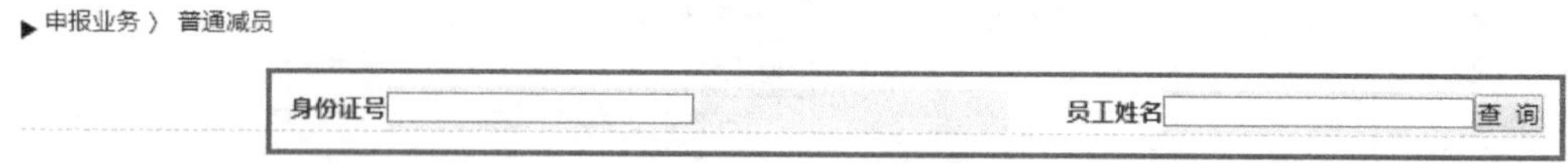

5）网上申报系统无法对单位名下的最后一人进行减员申报。

3.2 批量减员

批量减员

一、任务描述

职工常颖（身份证号 110111198205291217）、陈羽佳（身份证号 110111199107060076）、徐浩（身份证号 110108199309023618）三人，入职某用人单位并签订用工劳动合同。用人单位的单位类型为“企业”，根据相关规定其应为这三位职工缴纳五险。

今合同期满，用人单位与这三位职工协商，不再续签劳动合同，用人单位于 2020 年 9 月 30 日前对这三位职工进行社保减员操作。

二、业务流程

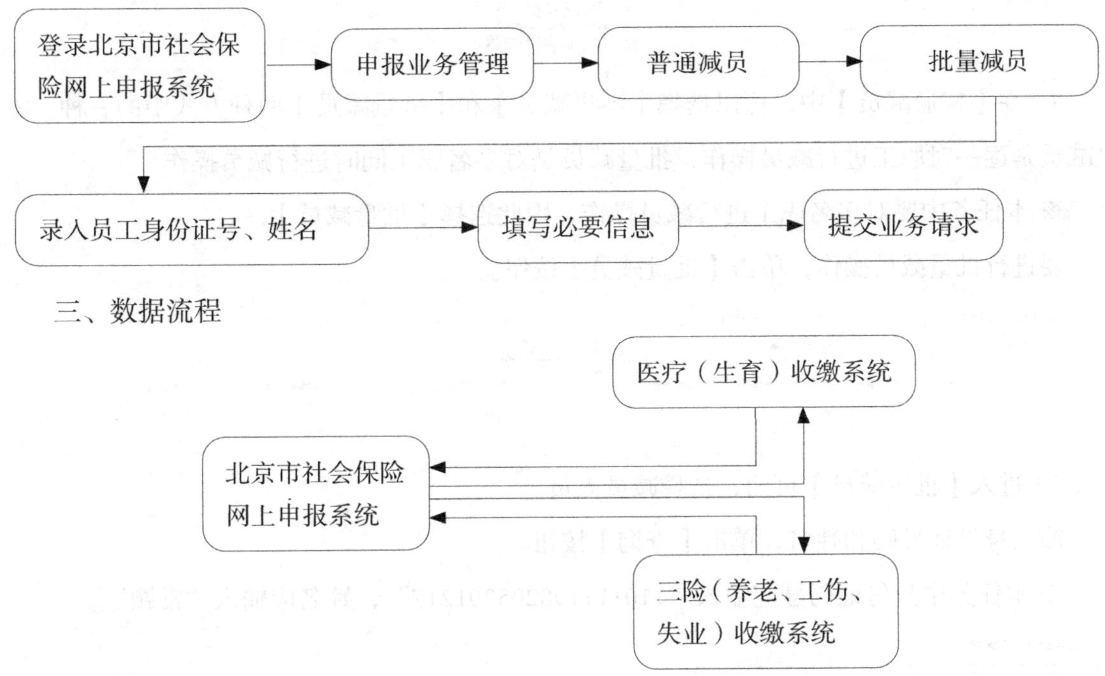

四、业务操作

1. 功能简介

批量减员功能用于用人单位对本单位多名在职员工同时进行社会保险减员操作。

2. 业务办理时间

每月 4 日至月底最后 1 天，每日早 6：00 至晚 10：00。

3. 操作流程

（1）批量减员

1）登录北京市社会保险网上申报系统后，单击【申报业务管理】。

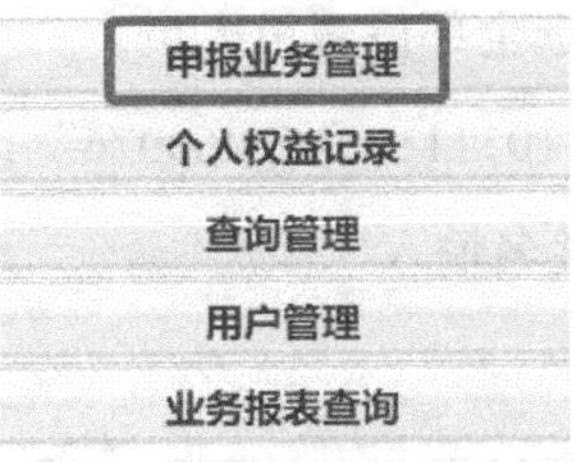

2）选择【普通减员】。

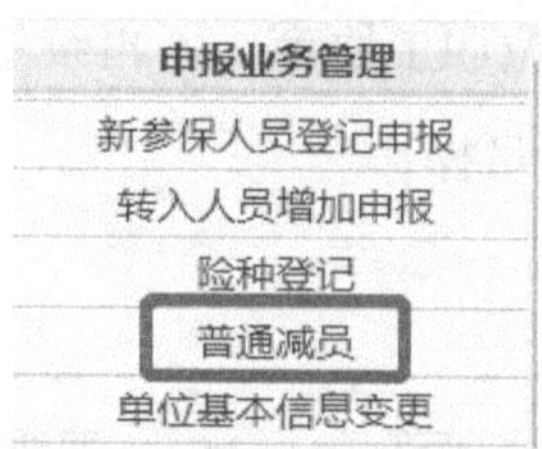

3）在【普通减员】中，可以选择【零星减员】和【批量减员】两种方式中的一种。零星减员是逐一对职工进行减员操作，批量减员是对多名职工同时进行减员操作。

※ 本任务中要对多名职工进行减员操作，因此选择【批量减员】。

要进行批量减员操作，单击【批量减员】按钮。

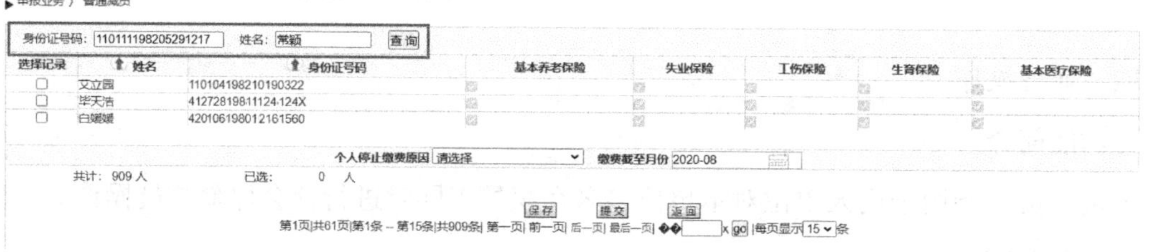

4）进入【批量减员】页面，选择减员人员。

输入身份证号码和姓名，单击【查询】按钮。

※ 本任务中身份证码号应输入“110111198205291217”，姓名应输入“常颖”。

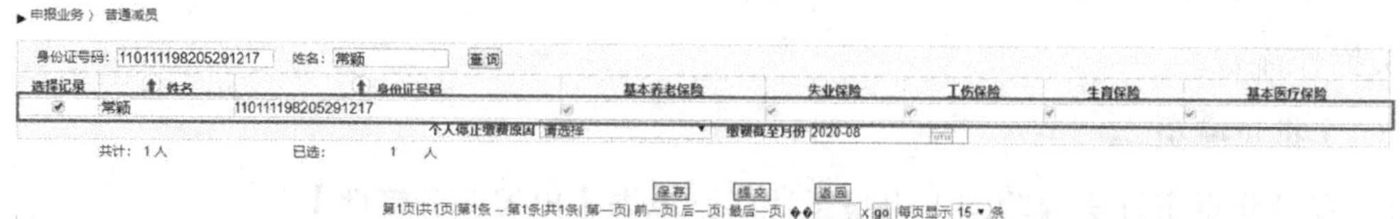

5）勾选待减员人员。

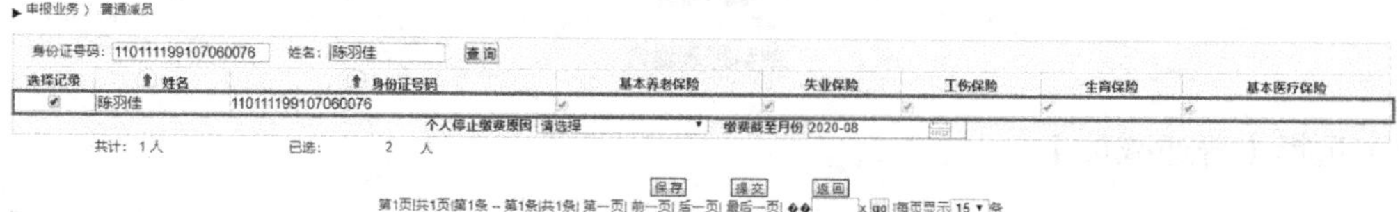

6）重复上述操作，查找并勾选全部待减员人员。

※ 本任务中身份证号输入“110111199107060076”，姓名输入“陈羽佳”；身份证号输入“1101081993 09023618”，姓名输入“徐浩”。

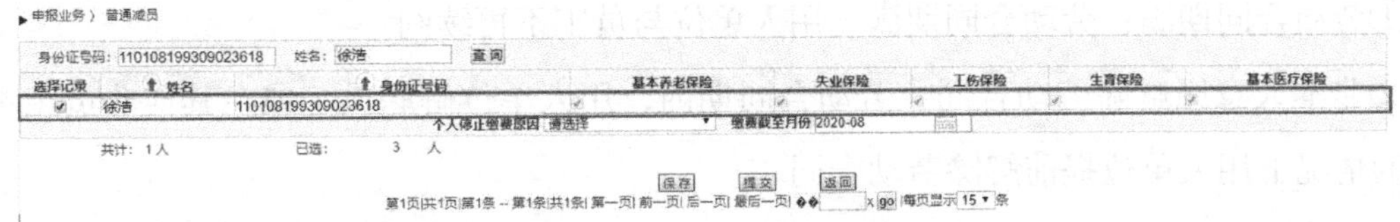

勾选【选择记录】后如果不想进行该人的减员操作，必须重新单击勾选框取消勾选标志“√”。网页页面刷新、翻页、退出系统等操作都不会影响勾选状态。

7）勾选好需要减员的人员后，录入社保减员所需的必要信息，其中包括【个人停止缴费原因】和【缴费截至月份】等。

【个人停止缴费】原因包括【劳动合同期满】、【非本人意愿解除劳动合同】和【本人意愿解除劳动合同】。

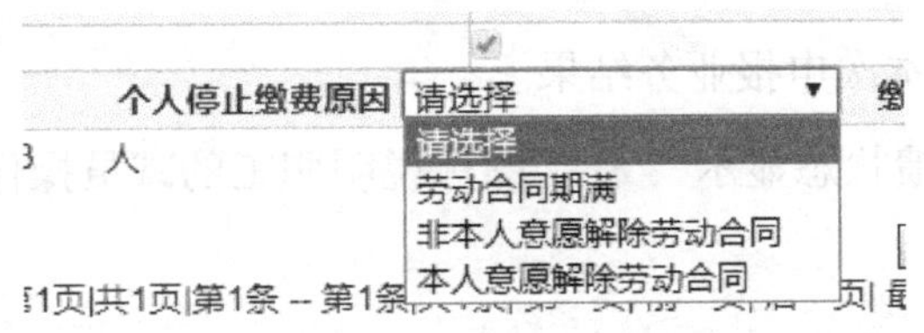

选择【劳动合同期满】和【非本人意愿解除劳动合同】时系统提示：“选择此项原因，个人可以申请失业保险金。”

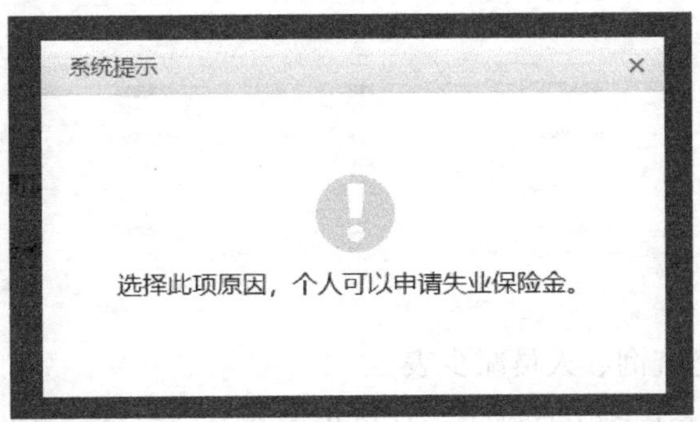

选择【本人意愿解除劳动合同】时系统提示：“选择此项原因，个人不能申领失业保险金，请确认。”

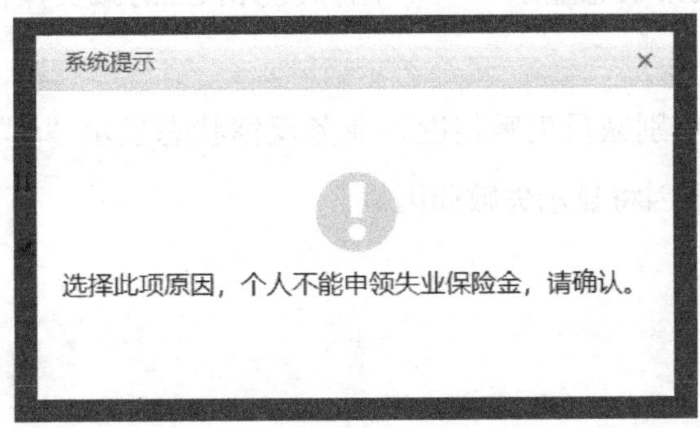

①劳动合同期满：劳动合同期满，用人单位与员工不再续约。

②非本人意愿解除劳动合同：劳动合同期内，用人单位解聘员工或在其他非员工本人意愿的情况下用人单位提前解除劳动合同。

③本人意愿解除劳动合同：劳动合同期内，员工提出离职申请提前解除劳动合同。

【缴费截至月份】默认为当前月的上个月，且无法进行修改。

8）单击【提交】按钮。

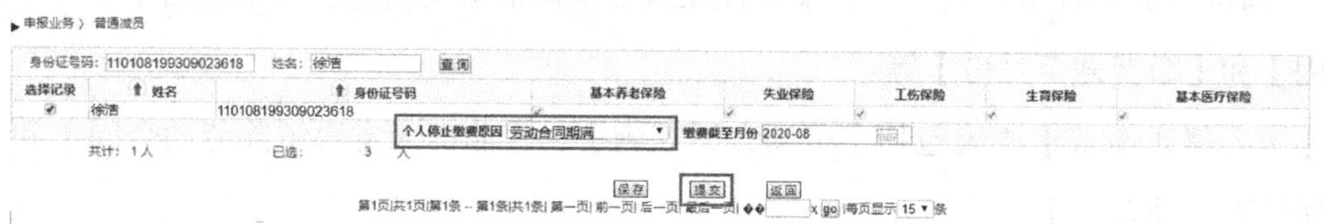

9）提交后系统显示本次申报业务结果。

※ 本任务中业务反馈状态显示“ ”图标说明职工的减员操作已经成功，减员状态已生效。

批量减员的同时提交操作可能出现个别减员失败情况，业务反馈状态显示“ ”图标说明职工的减员操作失败，业务不成功原因将显示失败原因。

申报业务 〉 普通减员

申报交易号	身份证号	姓名	申报时间	申报业务类型	业务反馈状态
2020091010208600	110111198205291217	常颖	2020-09-10	普通减员	
2020091010208601	110111199107060076	陈羽佳	2020-09-10	普通减员	
2020091010208602	110108199309023618	徐浩	2020-09-10	普通减员	

返回

（2）申报信息状态查询、人员减少表

申报信息状态查询和打印人员减少表的操作可参考“零星减员”模块相关业务。

4. 操作重点

1）批量减员业务反馈状态显示“ ”图标说明职工的减员操作已经成功，减员状态已生效。

同时提交可能出现个别减员失败情况，业务反馈状态显示“ ”图标说明职工的减员操作失败，业务不成功原因将显示失败原因。

申报业务类型	业务反馈状态	业务不成功原因
普通减员	✔	
普通减员	✔	
普通减员	⛔	参保人不是本单位员工（四险）

2）提交前应核对已勾选人数；选中一人后如遇网页页面刷新、翻页、退出系统等操作不会影响勾选状态。

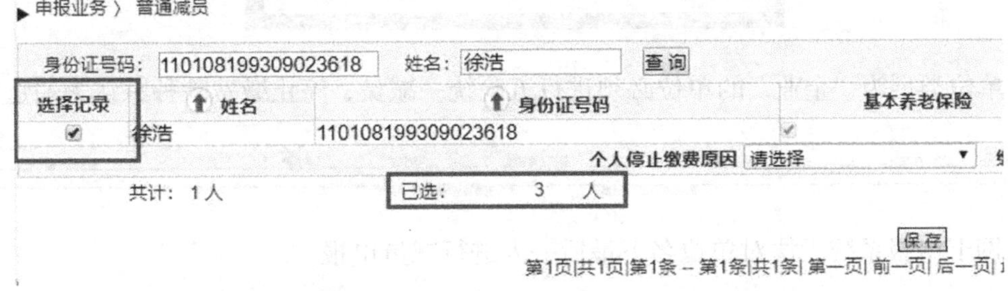

3）个人停止缴费原因不同的职工不能同时进行批量减员操作。

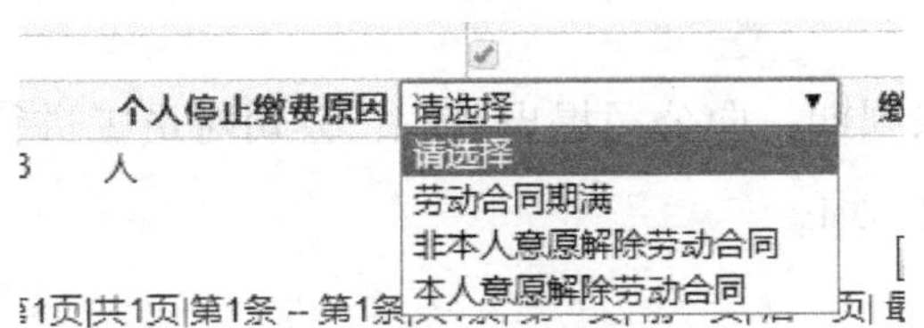

4）个人停止缴费原因会影响离职员工失业保险金的申领。

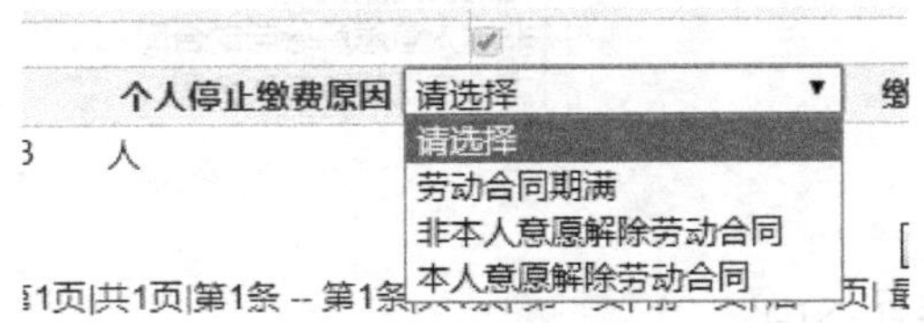

选择【劳动合同期满】和【非本人意愿解除劳动合同】时个人可以申请失业保险金。

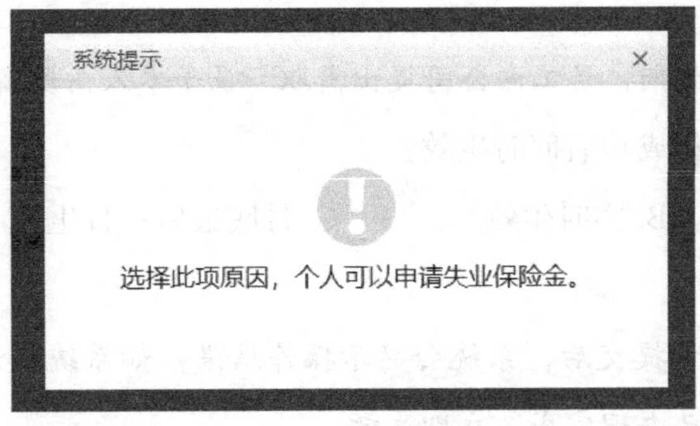

选择【本人意愿解除劳动合同】时个人不能申领失业保险金。

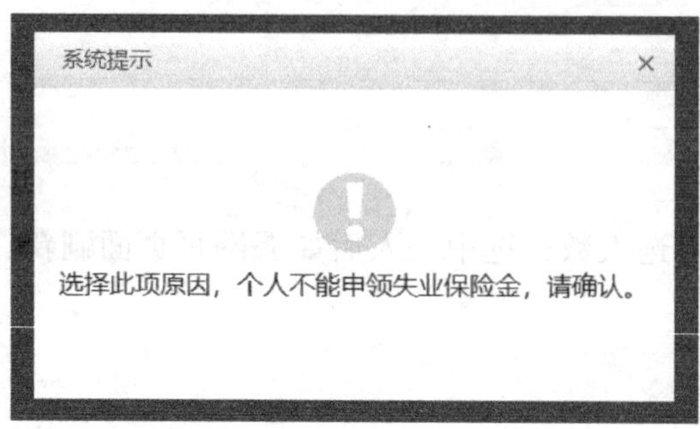

5）单位类型为“企业”的单位必须进行五险统一减员，停止缴费险种默认为勾选状态。

6）网上申报系统无法对单位名下最后一人进行减员申报。

习题

1. 某员工劳动合同未到期，向公司提出辞职，公司对员工进行社保减员操作时【个人停止缴费原因】应选择哪一项？

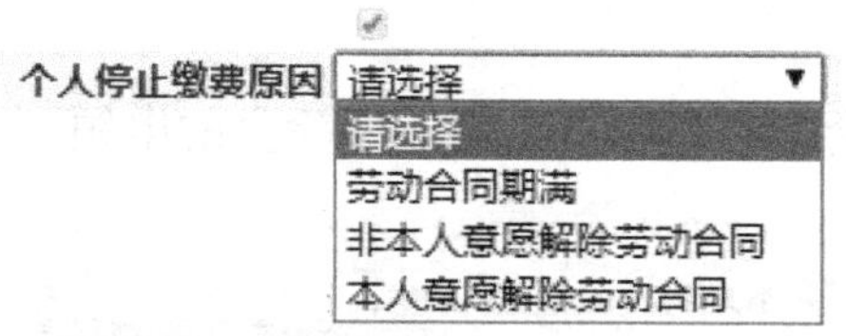

A. 劳动合同期满

B. 非本人意愿解除劳动合同

C. 本人意愿解除劳动合同

答：【　　】

解析：劳动合同未到期，员工向公司提出离职，属于本人意愿解除劳动合同。

2. 普通减员业务操作成功后何时生效？

A. 次日生效　　　B. 实时生效　　　C. 月底最后一日生效

答：【　　】

解析：减员业务操作提交后，系统会显示操作结果，如系统提示“业务操作成功”表示减员业务已办理完成，立即生效。

3.（多选）对个人停止缴费原因不同的多名职工进行减员时，下面哪个选项描述的操作是错误的?

A. 可以逐一进行零星减员

B. 可以分别选择个人停止缴费原因，再进行批量减员

C. 按个人停止缴费原因分类，再分别对原因相同的职工进行批量减员

D. 随便选一个原因，进行批量减员

答：【 】

解析：批量减员的前提条件是员工个人停止缴费原因相同，因此答案B是错误的。同时，社保业务要根据实际情况如实填写，D选项为了进行批量减员操作而填报错误信息也是错误的。而A和C的操作是正确的。

单位基本信息变更

学习任务4 单位基本信息变更

一、任务描述

某用人单位因主营业务发生变化，需变更部分单位基本信息，单位简称变更为“奔驰贸易”，行业代码变更为“汽车制造业”。

二、业务流程

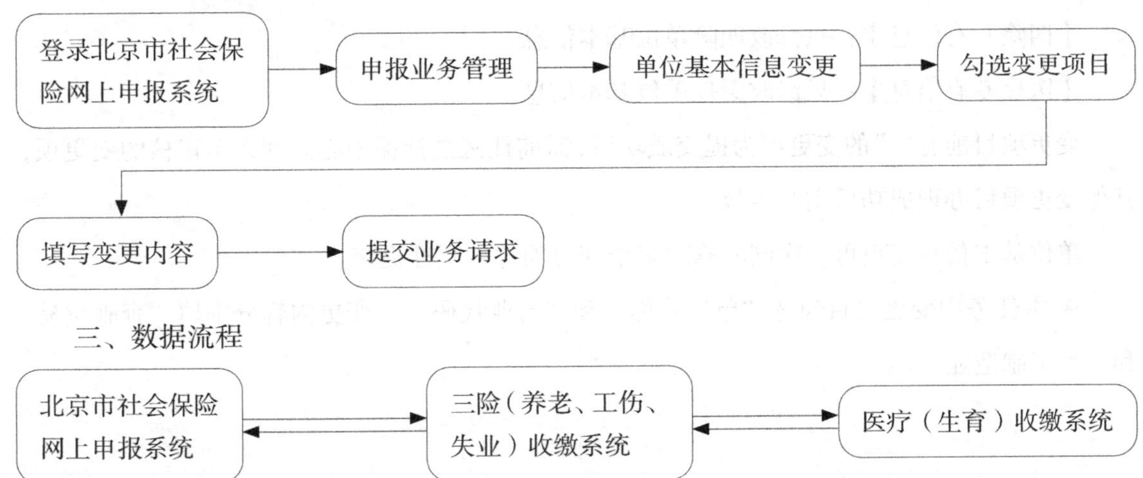

三、数据流程

四、业务操作

1. 功能简介

单位基本信息变更功能用于参保单位修改本单位社保登记的单位基本信息。

2. 业务办理时间

每月 4 日至月底倒数第 2 天，每日早 6：00 至晚 10：00。

3. 操作流程

（1）单位基本信息变更

1）登录北京市社会保险网上申报系统后，单击【申报业务管理】。

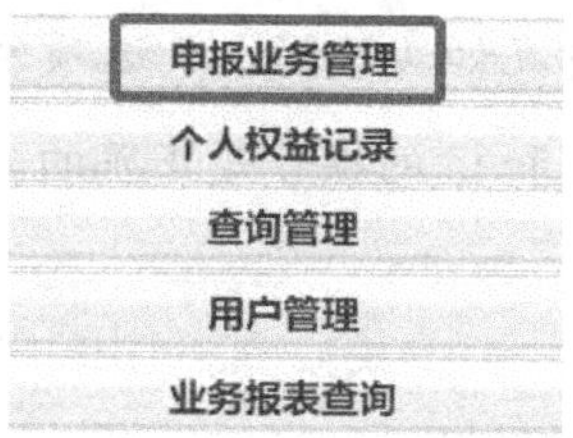

2）选择【单位基本信息变更】。

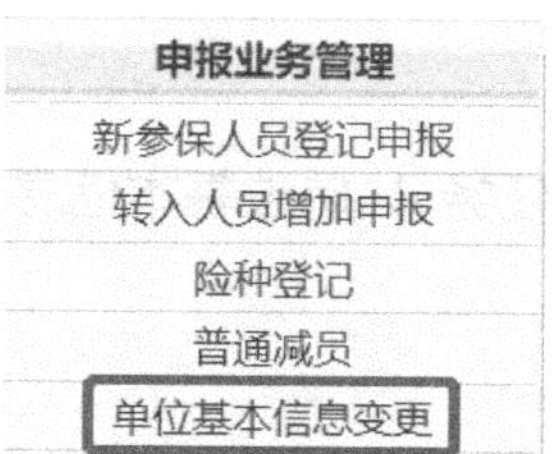

3）在打开的【单位基本信息变更】操作页面中选择要变更的变更项目，填写变更内容。

【单位基本信息变更】分为【五险共有信息】、【四险专有信息】和【医疗专有信息】。

【五险共有信息】：同时修改四险和医疗单位基本信息。

【四险专有信息】：只修改四险单位基本信息。

【医疗专有信息】：只修改医疗单位基本信息。

变更项目前有“*”的变更项为提交成功后，需前往区县社保中心办理人工审核的变更项，其他变更项目办理成功后实时生效。

单位基本信息变更可一次同时修改多个变更项并一次性提交。

※ 本任务中变更项目勾选“单位简称”和“行业代码”，变更内容分别填“奔驰贸易”和“汽车制造业”。

▶ 申报业务 〉 单位基本信息变更

提示：
1、若信息申报成功且申报状态是"变更成功"，自您申报成功1小时后，可在本系统的【查询管理/申报信息状态查询】模块查询审核结果。
2、若信息申报成功且申报状态是"提交成功等待审核"（变更项目前有"红"*"标注），您还要持相关材料到社保经办机构办理审核手续。自您办理完审核手续24小时后，可在本系统的【查询管理/申报信息状态查询】模块查询审核结果。

五险共有信息					
选择	变更项目	四险当前内容	医疗当前内容	变更内容	帮助
☑	单位简称	北京奔驰科技贸易	北京奔驰科技贸易	奔驰贸易	请输入2-8个汉字（不能包含特殊字符）
☐	单位办公地址	北京经济技术开发区博兴路	北京经济技术开发区博兴路		地址信息不可少于6个汉字，不可多于100个汉字
☐	邮政编码	100016	100016		邮政编码为6位数字，后5位不能全是0
☐	*执照种类（工商登记执照信息）	企业法人营业执照	企业法人营业执照	--请选择执照种类--	工商登记执照种类
☐	*执照号码（工商登记执照信息）	110000410410041	110000410410041		工商登记执照号码
☐	*有效期限（工商登记执照信息）	50年	50年	年	工商登记执照的有效期限
☐	*工商注册地址（工商登记执照信息）	北京经济技术开发区博兴路	北京经济技术开发区博兴路		不可少于6个汉字，不能超过150个汉字
☐	*批准单位（批准成立信息）	--	110000410410041		批准单位信息，不能超过25个汉字
☐	*批准日期（批准成立信息）	--	19830301		批准成立日期
☐	*批准文号（批准成立信息）	--	外经贸资审字19830077		批准文号，不能超过20位
☐	*姓名（法定代表人或负责人信息）	王京宇	王京宇		姓名（法定代表人或负责人信息）
☐	*证件类型（法定代表人或负责人信息）	--	--	--请选择证件类型--	证件类型（法定代表人或负责人信息）
☐	*证件号码（法定代表人或负责人信息）	110109195704225729	110109195704225729		证件号码（法定代表人或负责人信息）
☐	联系电话（法定代表人或负责人信息）	--	--		如：88888888或01088888888或13812345678
☐	单位缴费业务经办人姓名	张韬	张韬		单位缴费业务经办人姓名
☐	单位缴费业务经办人所在部门	人事行政部人事劳动科	人力资源		单位缴费业务经办人所在部门
☐	单位缴费业务经办人联系电话	--	--		如：88888888或01088888888或13812345678
☐	单位类别	法人单位	法人单位	--请选择单位类别--	选择"法人单位"、"非法人单位"
☐	*隶属关系	市	市	--请选择单位隶属关系--	单位隶属关系
☑	*行业代码	装卸搬运和运输代理业	装卸搬运和运输代理业	汽车制造业	行业代码
☐	*主管部门或总机构	241424	--		单位主管部门或总机构
☐	单位电子邮件地址	--	--		如：jack@capinfo.com
☐	单位网址	--	--		如：http://www.capinfo.com.cn
☐	单位传真号码	--	--		如：010-88888888

四险专有信息				
选择	变更项目	四险当前内容	变更内容	帮助
☐	移动电话（法定代表人或负责人信息）	--		如：13812345678
☐	单位缴费业务经办人手机号码	--		如：13812345678
☐	支付业务经办人姓名	--		单位支付业务经办人姓名
☐	支付业务经办人所在部门	--		单位支付业务经办人所在部门
☐	支付业务经办人联系电话	--		如：88888888或01088888888或13812345678
☐	支出户开户银行	交行三元支行	选择支出户开户银行 清除	选择单位支出户开户银行
☐	支出户开户全称	北京奔驰科技贸易		单位支出户开户全称，不能超过50个汉字
☐	支出户开户帐号	110060640086531201350		单位支出户开户账号，不能超过30位

医疗专有信息				
选择	变更项目	医疗当前内容	变更内容	帮助
☐	单位电话	--		如：88888888或01088888888或13812345678
☐	*工商注册省份	--	选择工商注册省份 清除	选择工商注册省份
☐	支出户开户银行	交三元支行	选择支出户开户银行 清除	选择单位支出户开户银行
☐	支出户开户全称	北京奔驰科技贸易		单位支出户开户全称，不能超过40个汉字
☐	支出户开户帐号	110060640086531201350		单位支出户开户账号，不能超过30位

保存 提交 取消修改

4）确认变更信息无误后，单击界面最下方的【提交】按钮。

▶ 申报业务 〉 单位基本信息变更

提示：
1、若信息申报成功且申报状态是"变更成功"，自您申报成功1小时后，可在本系统的【查询管理/申报信息状态查询】模块查询审核结果。
2、若信息申报成功且申报状态是"提交成功等待审核"（变更项目前有"红"*"标注），您还要持相关材料到社保经办机构办理审核手续。自您办理完审核手续24小时后，可在本系统的【查询管理/申报信息状态查询】模块查询审核结果。

五险共有信息					
选择	变更项目	四险当前内容	医疗当前内容	变更内容	帮助
☑	单位简称	北京奔驰科技贸易	北京奔驰科技贸易	奔驰贸易	请输入2-8个汉字（不能包含特殊字符）
☐	单位办公地址	北京经济技术开发区博兴路	北京经济技术开发区博兴路		地址信息不可少于6个汉字，不可多于100个汉字
☐	邮政编码	100016	100016		邮政编码为6位数字，后5位不能全是0
☐	*执照种类（工商登记执照信息）	企业法人营业执照	企业法人营业执照	--请选择执照种类--	工商登记执照种类
☐	*执照号码（工商登记执照信息）	110000410410041	110000410410041		工商登记执照号码
☐	*有效期限（工商登记执照信息）	50年	50年	年	工商登记执照的有效期限
☐	*工商注册地址（工商登记执照信息）	北京经济技术开发区博兴路	北京经济技术开发区博兴路		不可少于6个汉字，不能超过150个汉字
☐	*批准单位（批准成立信息）	--	110000410410041		批准单位信息，不能超过25个汉字
☐	*批准日期（批准成立信息）	--	19830301		批准成立日期
☐	*批准文号（批准成立信息）	--	外经贸资审字19830077		批准文号，不能超过20位
☐	*姓名（法定代表人或负责人信息）	王京宇	王京宇		姓名（法定代表人或负责人信息）
☐	*证件类型（法定代表人或负责人信息）	--	--	--请选择证件类型--	证件类型（法定代表人或负责人信息）
☐	*证件号码（法定代表人或负责人信息）	110109195704225729	110109195704225729		证件号码（法定代表人或负责人信息）
☐	联系电话（法定代表人或负责人信息）	--	--		如：88888888或01088888888或13812345678
☐	单位缴费业务经办人姓名	张韬	张韬		单位缴费业务经办人姓名
☐	单位缴费业务经办人所在部门	人事行政部人事劳动科	人力资源		单位缴费业务经办人所在部门
☐	单位缴费业务经办人联系电话	--	--		如：88888888或01088888888或13812345678
☐	单位类别	法人单位	法人单位	--请选择单位类别--	选择"法人单位"、"非法人单位"
☐	*隶属关系	市	市	--请选择单位隶属关系--	单位隶属关系
☑	*行业代码	装卸搬运和运输代理业	装卸搬运和运输代理业	汽车制造业	行业代码
☐	*主管部门或总机构	241424	--		单位主管部门或总机构
☐	单位电子邮件地址	--	--		如：jack@capinfo.com
☐	单位网址	--	--		如：http://www.capinfo.com.cn
☐	单位传真号码	--	--		如：010-88888888

四险专有信息				
选择	变更项目	四险当前内容	变更内容	帮助
☐	移动电话（法定代表人或负责人信息）	--		如：13812345678
☐	单位缴费业务经办人手机号码	--		如：13812345678
☐	支付业务经办人姓名	--		单位支付业务经办人姓名
☐	支付业务经办人所在部门	--		单位支付业务经办人所在部门
☐	支付业务经办人联系电话	--		如：88888888或01088888888或13812345678
☐	支出户开户银行	交行三元支行	选择支出户开户银行 清除	选择单位支出户开户银行
☐	支出户开户全称	北京奔驰科技贸易		单位支出户开户全称，不能超过50个汉字
☐	支出户开户帐号	110060640086531201350		单位支出户开户账号，不能超过30位

医疗专有信息				
选择	变更项目	医疗当前内容	变更内容	帮助
☐	单位电话	--		如：88888888或01088888888或13812345678
☐	*工商注册省份	--	选择工商注册省份 清除	选择工商注册省份
☐	支出户开户银行	交三元支行	选择支出户开户银行 清除	选择单位支出户开户银行
☐	支出户开户全称	北京奔驰科技贸易		单位支出户开户全称，不能超过40个汉字
☐	支出户开户帐号	110060640086531201350		单位支出户开户账号，不能超过30位

保存 提交 取消修改

5）提交后系统显示本次申报业务结果。

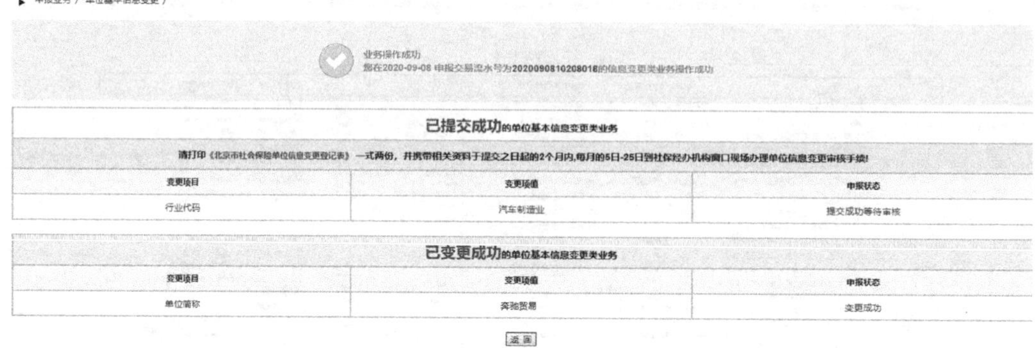

6）变更审核项反馈结果。

※ 需审核项提交成功的申报状态为“提交成功等待审核”，并提示：“请打印‘北京市社会保险单位信息变更登记表’一式两份，并携带相关资料于提交之日起的 2 个月内，每月的 5 日—25 日到社保经办机构窗口现场办理单位信息变更审核手续！”社保经办机构窗口审核成功后说明该变更项变更业务办理成功。

注：需审核变更项超过 2 个月未审核，该变更项变更申报自动变为失败。

（2）申报信息状态查询

该功能用于查找历史申报交易，查看申报交易状态。

1）单击【查询管理】。

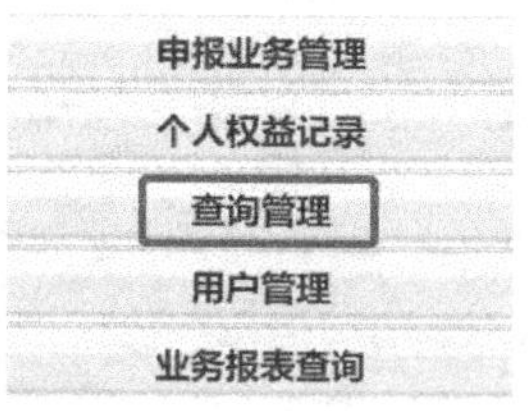

2）选择【申报信息状态查询】。

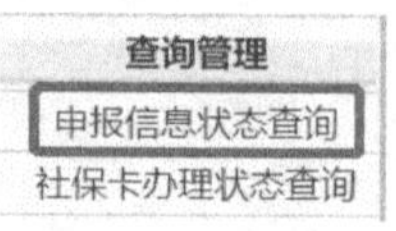

3）输入查询条件，单击【查询】按钮。

※ 本任务中申报流水号应输入“2020090810208018”。

查询管理 〉 申报信息状态查询

申报日期从：　到：　申报流水号：

业务类型：请选择申报业务名称　身份证号：　姓名：

办理状态：全部

查 询　导出Excel文件

网上申报流水号	身份证号	姓名	申报时间	申报业务类型	办理状态	险种	业务反馈状态	业务办理不成功原因	业务办理反馈信息解释	操作

4）审核前【办理状态】为“处理中”，【业务反馈状态】为“导入成功”。

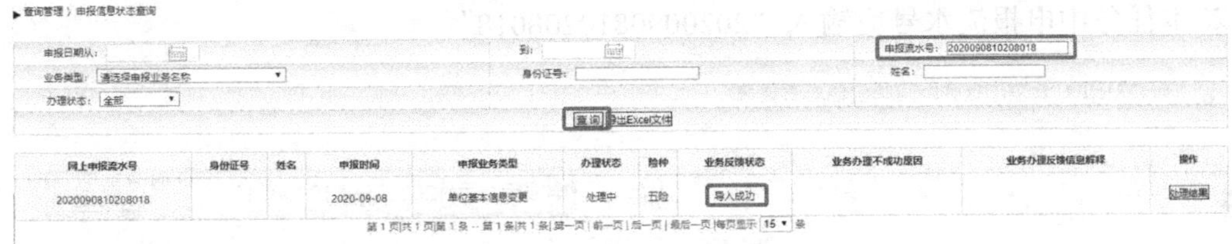

查询管理 › 申报信息状态查询
申报日期从：
到：
申报流水号：2020090810208018
业务类型：请选择申报业务名称
身份证号：
姓名：
办理状态：全部
查询
导出Excel文件
网上申报流水号
身份证号
姓名
申报时间
申报业务类型
办理状态
险种
业务反馈状态
业务办理不成功原因
业务办理反馈信息解释
操作
2020090810208018
2020-09-08
单位基本信息变更
处理中
五险
导入成功
处理结果
第1页|共1页|第1条--第1条|共1条|第一页|前一页|后一页|最后一页|每页显示 15 条

※ 本任务中结果展示的单位基本信息变更业务的反馈状态为“导入成功”。

5）审核后【办理状态】为“处理结束”，【业务反馈状态】为“审核成功”。

※ 本任务中结果展示的单位基本信息变更业务的反馈状态为“审核成功”。

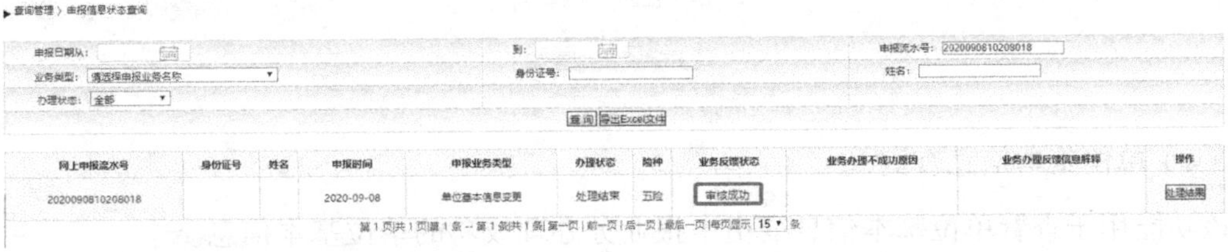

查询管理 › 申报信息状态查询
申报日期从：
到：
申报流水号：2020090810208018
业务类型：请选择申报业务名称
身份证号：
姓名：
办理状态：全部
查询
导出Excel文件
网上申报流水号
身份证号
姓名
申报时间
申报业务类型
办理状态
险种
业务反馈状态
业务办理不成功原因
业务办理反馈信息解释
操作
2020090810208018
2020-09-08
单位基本信息变更
处理结束
五险
审核成功
处理结果
第1页|共1页|第1条--第1条|共1条|第一页|前一页|后一页|最后一页|每页显示 15 条

【业务反馈状态】情况说明如下。

导入成功：单位基本信息变更业务变更非审核项申报成功，变更审核项等待审核。

导入失败：单位基本信息变更业务申报失败。

审核成功：单位基本信息变更业务变更审核项申报成功。

审核失败：单位基本信息变更业务变更审核项申报失败，如果该笔交易存在非审核项，则非审核项申报成功。

（3）打印单位信息变更登记表

该功能用于打印单位基本信息变更申报业务办理成功的“北京市社会保险单位信息变更登记表”。

1）单击【业务报表查询】。

申报业务管理
个人权益记录
查询管理
用户管理
业务报表查询

2）选择【单位信息变更登记表】。

业务报表查询
个人信息登记表
人员增加表
人员减少表
单位信息变更登记表

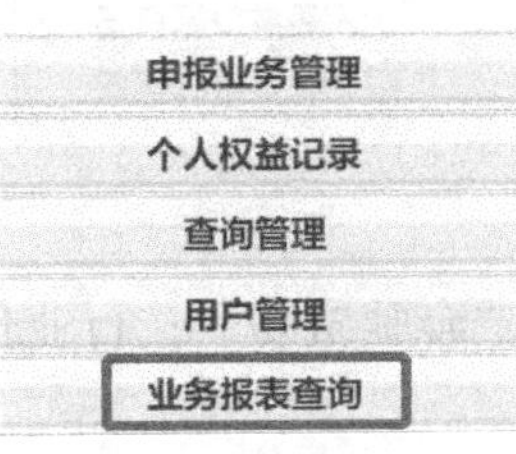

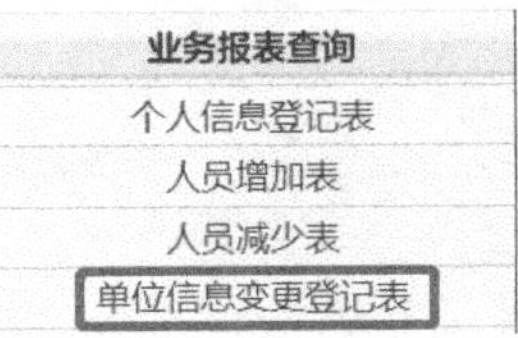

3）录入查询条件，单击【查询】按钮。

※ 本任务中申报流水号应输入“2020090810208018”。

▶ 报表打印 〉北京市社会保险单位信息变更表

4）查看结果，下载并打印。

（4）单位基本信息查询

该功能用于查看单位基本信息变更申报业务办理成功的单位基本信息。

1）单击【查询管理】。

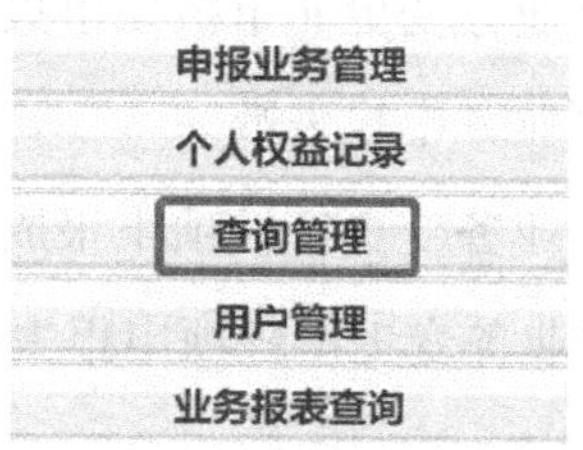

2）选择【单位基本信息查询】。

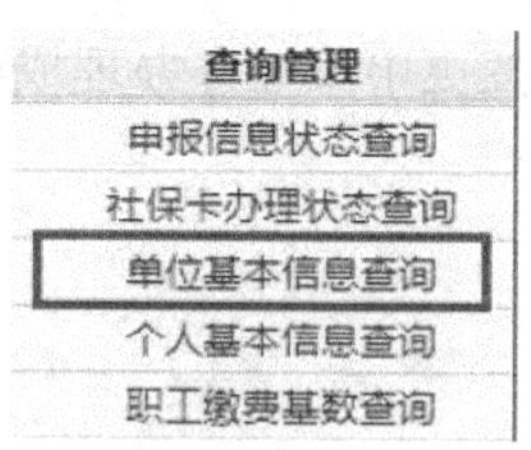

3）查看结果（审核前）。

※ 本任务中单位简称已变更为“奔驰贸易”；行业代码因为还未审核仍为变更前内容。

北京市社会保险单位基本信息

*统一社会信用代码(组织机构代码)	91110000100023205F		*单位简称	奔驰贸易
*单位名称	中国奔驰汽车贸易股份有限公司		*单位电话	
*单位办公地址	北京经济技术开发区博兴路		*邮政编码	100016
工商登记执照信息(执照号码为统一社会信用代码)	执照号码	110000410410041	执照种类	企业法人营业执照
	成立日期	19830701	有效期限	50
	工商注册地址	北京经济技术开发区博兴路		
批准成立信息	批准单位	110000410410041		
	批准日期	19830301	批准文号	外经贸资审字19830077
法定代表人或负责人信息	*姓名	王京宇		
	*证件类型		*联系电话	
	*证件号码	110109195704225729	*移动电话	
单位经办人	姓名	所在部门	联系电话	手机
*缴费业务	张韬	人事行政部人事劳动科(四险)人力资源(医保)		
支付业务				
*单位类型	企业	*单位类别		法人单位
*经济类型	中外合资	*隶属关系		市
*行业代码	装卸搬运和运输代理业	*行业费率		.88
*行业性质		行业系统		
参统方式	新参统	特殊标识		
*结算周期	按月	*缴费形式		其它方式
所属行政区县名称	朝阳区	*四险缴费所属经（代）办机构		北京市朝阳区社会保险基金管理中心
*医疗缴费地区	朝阳区	*报销地区		朝阳区
缴费途径	银行缴费	开户银行简称	交通银行	

*缴费户开户银行	昌平农行东环分理处	*行号	000022
*缴费户开户全称	北京奔驰科技贸易	*账号	110060640086531201350
*支出户开户银行	交行三元支行	*行号	635(四险)635&(医保)
*支出户开户全称	北京奔驰科技贸易	*账号	110060640086531201350
主管部门或总机构	241424		
集中缴费单位统一社会信用代码(组织机构代码)	朝阳区(医保)	集中缴费单位社会保险登记号	110105015115
集中缴费单位名称	北京奔驰汽车有限公司(医保)		
农转非类别		依法批准征地日期	
施工期起始日期		施工期截止日期	
维修期起始日期		维修期截止日期	
竣工期日期		延长期日期	
参加保险情况	*险种		*登记日期
	养老	参保缴费	19960401
	失业	参保缴费	20050601
	工伤	参保缴费	20050401
	生育	正常参保	20000701
	医疗	正常参保	20000906
*社会保险登记机构名称	北京市朝阳区社会保险基金管理中心		
*社会保险登记号	91110000100023205F	*社保登记证发证日期	19990511
单位电子邮件地址			
单位网址		单位传真号码	
开户账户	北京奔驰科技贸易	账号	110060640086531201350

4）查看结果（审核后）。

※ 本任务中行业代码变更为“汽车制造业”。

北京市社会保险单位基本信息

*统一社会信用代码(组织机构代码)	91110000100023205F		*单位简称	奔驰贸易
*单位名称	中国奔驰汽车贸易股份有限公司		*单位电话	
*单位办公地址	北京经济技术开发区博兴路		*邮政编码	100016
工商登记执照信息(执照号码为统一社会信用代码)	执照号码	110000410410041	执照种类	企业法人营业执照
	成立日期	19830701	有效期限	50
	工商注册地址	北京经济技术开发区博兴路		
批准成立信息	批准单位	110000410410041		
	批准日期	19830301	批准文号	外经贸资审字19830077
法定代表人或负责人信息	*姓名	王京宇		
	*证件类型		*联系电话	
	*证件号码	110109195704225729	*移动电话	
单位经办人	姓名	所在部门	联系电话	手机
*缴费业务	张韬	人事行政部人事劳动科(四险)人力资源(医保)		
支付业务				
*单位类型	企业	*单位类别		法人单位
*经济类型	中外合资	*隶属关系		市
*行业代码	汽车制造业	*行业费率		.88
*行业性质		行业系统		
参统方式	新参统	特殊标识		
*结算周期	按月	*缴费形式		其它方式
所属行政区县名称	朝阳区	*四险缴费所属经（代）办机构		北京市朝阳区社会保险基金管理中心
*医疗缴费地区	朝阳区	*报销地区		朝阳区
缴费途径	银行缴费	开户银行简称	交通银行	

*缴费户开户银行	昌平农行东环分理处	*行号	000022
*缴费户开户全称	北京奔驰科技贸易	*账号	110060640086531201350
*支出户开户银行	交行三元支行	*行号	635(四险)635&(医保)
*支出户开户全称	北京奔驰科技贸易	*账号	110060640086531201350
主管部门或总机构	241424		
集中缴费单位统一社会信用代码(组织机构代码)	朝阳区(医保)	集中缴费单位社会保险登记号	110105015115
集中缴费单位名称	北京奔驰汽车有限公司(医保)		
农转非类别		依法批准征地日期	
施工期起始日期		施工期截止日期	
维修期起始日期		维修期截止日期	
竣工期日期		延长期日期	
参加保险情况	*险种		*登记日期
	养老	参保缴费	19960401
	失业	参保缴费	20050601
	工伤	参保缴费	20050401
	生育	正常参保	20000701
	医疗	正常参保	20000906
*社会保险登记机构名称	北京市朝阳区社会保险基金管理中心		
*社会保险登记号	91110000100023205F	*社保登记证发证日期	19990511
单位电子邮件地址			
单位网址		单位传真号码	
开户账户	北京奔驰科技贸易	账号	110060640086531201350

4. 操作重点

1）申报反馈页面提示“业务操作成功”，说明单位基本信息变更申报业务非审核项办理成功，变更项立即生效；审核项需前往区县经办机构办理人工审核，审核成功后变更项立即生效。

人工审核需打印“北京市社会保险单位信息变更登记表”一式两份，并携带相关资料于提交之日起的 2 个月内，每月的 5 日—25 日到社保经办机构窗口现场办理单位信息变更审核手续。

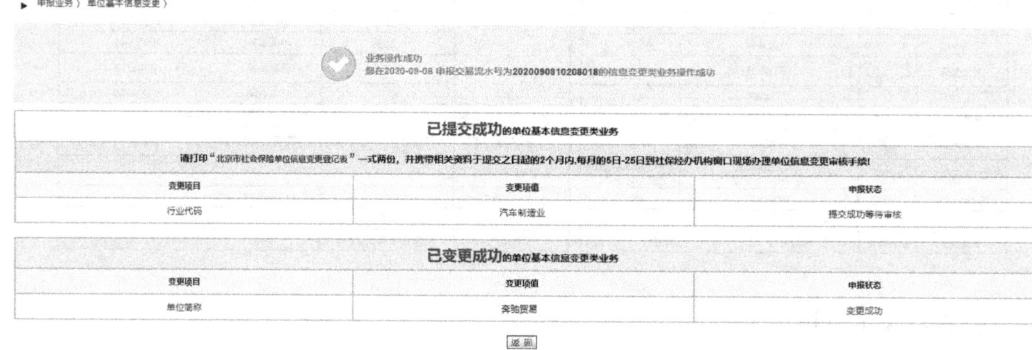

2）变更项目前有“*”的变更项为审核项。

☐	*执照种类（工商登记执照信息）
☐	*执照号码（工商登记执照信息）
☐	*有效期限（工商登记执照信息）
☐	*工商注册地址（工商登记执照信息）

3）审核变更项超过 2 个月未审核变更申请自动变为失败。

4）【五险共有信息】、【四险专有信息】和【医疗专有信息】可同时提交变更。

5）审核变更项未审核前可重复提交，以最后一次成功提交的内容为最终待审核变更内容。

习题

1. 用人单位在进行单位基本信息变更时，同时修改了标识有“*”的需审核变更项和未标识“*”的非审核变更项，在提交变更后，系统提示“业务操作成功”。各变更项何时生效？

A. 审核变更项和非审核变更项都立即生效

B. 非审核变更项立即生效，审核变更项次日生效

C. 社保经办机构将审核变更项审核成功后审核变更项和非审核变更项同时生效

D. 非审核变更项立即生效，社保经办机构将审核项审核成功后审核变更项生效

答：【　　】

解析：对非审核变更项的变更，如系统提示“业务操作成功”，则表示该变更业务已办理完成，并变更项已经生效；而审核变更项在社保经办机构人工审核成功后才会生效。

2. 用人单位在进行单位基本信息变更时，同时修改了标识有“*”的需审核变更项和未标识“*”的非审核变更项，在提交变更后，系统提示“业务操作成功”。次日，用人单位经办人员前往社保经办机构将审核变更项全部审核失败，此时，关于此次单位基本信息变更业务，以下哪个选项描述是正确的？

A. 审核变更项和非审核变更项全部变更失败

B. 提交成功后非审核变更项变更成功，社保经办机构将审核变更项审核失败后审核变更项变更失败，非审核变更项也会变更为失败

C. 提交成功后非审核变更项变更成功，社保经办机构将审核变更项审核失败后审核变更项变更失败，但非审核变更项仍然变更成功

答：【　　】

解析：社保经办机构人工审核成功与否只会影响审核变更项的结果，不会影响非审核变更项的结果。

个人基本信息变更

学习任务 5 个人基本信息变更

一、任务场景

某用人单位在职职工紫寓（身份证号 11022419891118091X），申请变更个人基本信息，民族变更为回族，参保人手机号变更为 18811364647。

二、业务流程

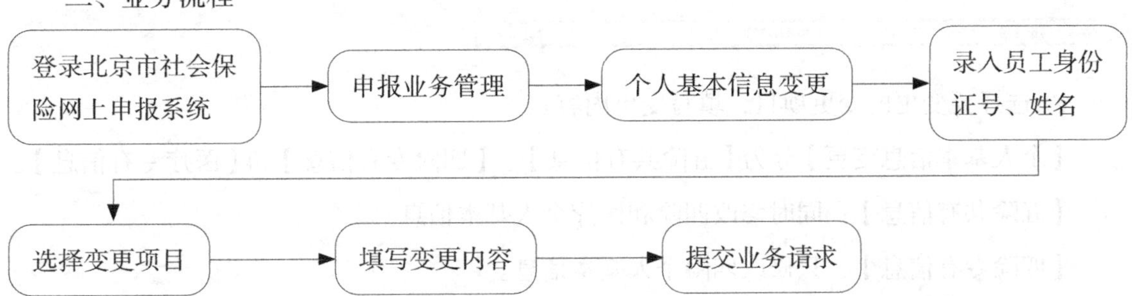

三、数据流程

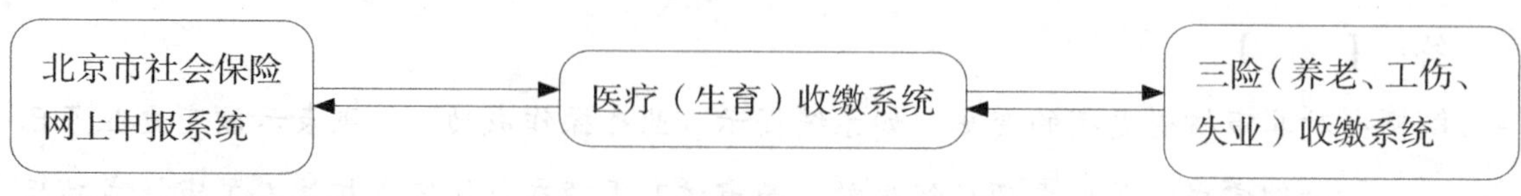

四、业务操作

1. 功能简介

个人基本信息变更功能用于参保企业为本单位在职职工办理个人基本信息变更业务。

2. 业务办理时间

每月 4 日至月底倒数第 2 天，每日早 6：00 至晚 10：00。

3. 操作流程

（1）个人基本信息变更

1）登录北京市社会保险网上申报系统后，单击【申报业务管理】菜单。

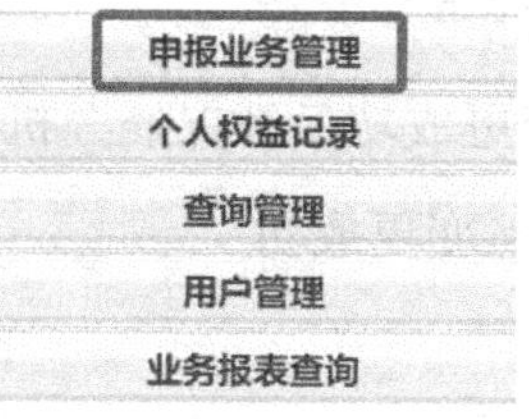

2）选择【个人基本信息变更】。

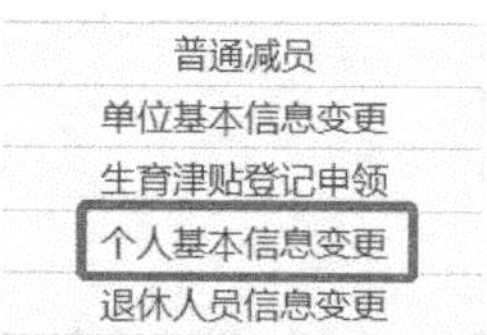

3）打开【个人基本信息变更】操作页面，输入参保人身份证号与参保人姓名并单击【确定】按钮。

※ 本任务中参保人身份证号应输入“11022419891118091X”，参保人姓名输入“紫寓”。

申报业务 〉 个人基本信息变更

提示：
1、 若信息申报成功且申报状态是“变更成功”，自您申报成功1小时后，可在本系统的【查询管理/申报信息状态查询】模块查询审核结果。
2、 若信息申报成功且申报状态是“提交成功等待审核”（变更项目前有“红*”标注），您还要持相关材料到社保经办机构办理审核手续。自您办理完审核手续24小时后，可在本系统的【查询管理/申报信息状态查询】模块查询审核结果。

参保人身份证号：11022419891118091X 参保人姓名：紫寓 确定

4）选择要变更的变更项目，填写变更内容。

【个人基本信息变更】分为【五险共有信息】、【四险专有信息】和【医疗专有信息】。

【五险共有信息】：同时修改四险和医疗个人基本信息。

【四险专有信息】：只修改四险个人基本信息。

【医疗专有信息】：只修改医疗个人基本信息。

变更项目前有“*”的变更项为提交成功后需前往区县社保中心办理人工审核的变更项，其他变更项目提交后实时办理成功。

个人基本信息变更可一次同时修改多个变更项并一次性提交。

※ 本任务中民族应输入“回族”，参保人手机号应输入“18811365647”。

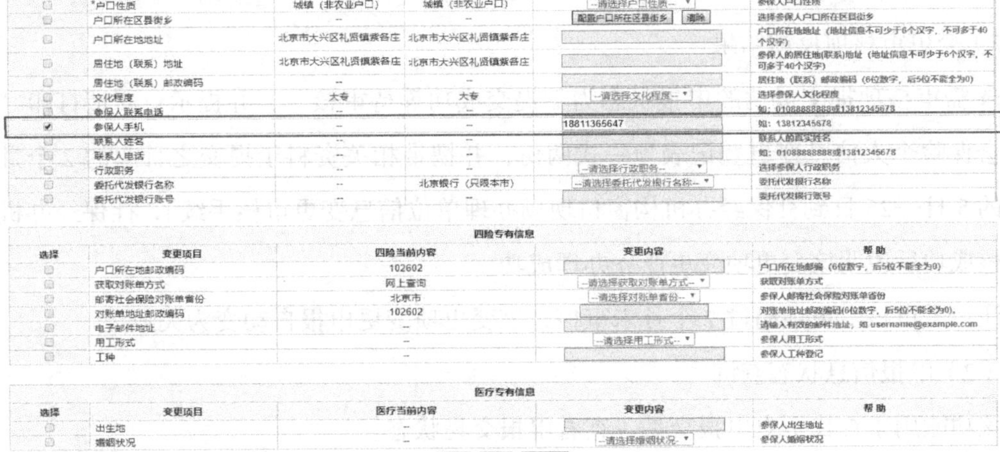

申报业务 〉 个人基本信息变更

提示：
1、若信息申报成功且申报状态是"变更成功"，自您申报成功1小时后，可在本系统的【查询管理/申报信息状态查询】模块查询审核结果。
2、若信息申报成功且申报状态是"提交成功等待审核"（变更项目前有"红*"标注），您还要持相关材料到社保经办机构办理审核手续。自您办理完审核手续24小时后，可在本系统的【查询管理/申报信息状态查询】模块查询审核结果。

参保人身份证号：11022419891118091X 参保人姓名：紫寓 确定

五险共有信息

选择	变更项目	四险当前内容	医疗当前内容	变更内容	帮助
✔	*民族	汉族	汉族	回族	选择参保人民族
	*参加工作日期	20110701	20110701		填写参保人参加工作真实日期
	*户口性质	城镇（非农业户口）	城镇（非农业户口）	--请选择户口性质--	参保人户口性质
	户口所在区县街乡	--	--	配置户口所在区县街乡 清除	选择参保人户口所在区县街乡
	户口所在地地址	北京市大兴区礼贤镇紫各庄	北京市大兴区礼贤镇紫各庄		户口所在地地址（地址信息不可少于6个汉字，不可多于40个汉字）
	居住地（联系）地址	北京市大兴区礼贤镇紫各庄	北京市大兴区礼贤镇紫各庄		参保人的居住地(联系)地址（地址信息不可少于6个汉字，不可多于40个汉字）
	居住地（联系）邮政编码	--	--		居住地（联系）邮政编码（6位数字，后5位不能全为0）
	文化程度	大专	大专	--请选择文化程度--	选择参保人文化程度
	参保人联系电话	--	--		如：01088888888或13812345678
✔	参保人手机	--	--	18811365647	如：13812345678
	联系人姓名	--	--		联系人的真实姓名
	联系人电话	--	--		如：01088888888或13812345678
	行政职务	--	--	--请选择行政职务--	选择参保人行政职务
	委托代发银行名称	--	北京银行（只限本市）	--请选择委托代发银行名称--	委托代发银行名称
	委托代发银行账号	--	--		委托代发银行账号

四险专有信息

选择	变更项目	四险当前内容	变更内容	帮助
	户口所在地邮政编码	102602		户口所在地邮编（6位数字，后5位不能全为0）
	获取对账单方式	网上查询	--请选择获取对账单方式--	获取对账单方式
	邮寄社会保险对账单省份	北京市	--请选择对账单省份--	参保人邮寄社会保险对账单省份
	对账单地址邮政编码	102602		对账单地址邮政编码(6位数字，后5位不能全为0)。
	电子邮件地址	--		请输入有效的邮件地址，如 username@example.com
	用工形式	--	--请选择用工形式--	参保人用工形式
	工种	--		参保人工种登记

医疗专有信息

选择	变更项目	医疗当前内容	变更内容	帮助
	出生地	--		参保人出生地址
	婚姻状况	--	--请选择婚姻状况--	参保人婚姻状况

保存 提交 取消修改

5）确认变更信息无误后，单击界面最下方的【提交】按钮。

申报业务 〉 个人基本信息变更

提示：
1、若信息申报成功且申报状态是"变更成功"，自您申报成功1小时后，可在本系统的【查询管理/申报信息状态查询】模块查询审核结果。
2、若信息申报成功且申报状态是"提交成功等待审核"（变更项目前有"红*"标注），您还要持相关材料到社保经办机构办理审核手续。自您办理完审核手续24小时后，可在本系统的【查询管理/申报信息状态查询】模块查询审核结果。

参保人身份证号：11022419891118091X 参保人姓名：紫寓 确定

五险共有信息

选择	变更项目	四险当前内容	医疗当前内容	变更内容	帮助
✔	*民族	汉族	汉族	回族	选择参保人民族
	*参加工作日期	20110701	20110701		填写参保人参加工作真实日期
	*户口性质	城镇（非农业户口）	城镇（非农业户口）	--请选择户口性质--	参保人户口性质
	户口所在区县街乡	--	--	配置户口所在区县街乡 清除	选择参保人户口所在区县街乡
	户口所在地地址	北京市大兴区礼贤镇紫各庄	北京市大兴区礼贤镇紫各庄		户口所在地地址（地址信息不可少于6个汉字，不可多于40个汉字）
	居住地（联系）地址	北京市大兴区礼贤镇紫各庄	北京市大兴区礼贤镇紫各庄		参保人的居住地(联系)地址（地址信息不可少于6个汉字，不可多于40个汉字）
	居住地（联系）邮政编码	--	--		居住地（联系）邮政编码（6位数字，后5位不能全为0）
	文化程度	大专	大专	--请选择文化程度--	选择参保人文化程度
	参保人联系电话	--	--		如：01088888888或13812345678
✔	参保人手机	--	--	18811365647	如：13812345678
	联系人姓名	--	--		联系人的真实姓名
	联系人电话	--	--		如：01088888888或13812345678
	行政职务	--	--	--请选择行政职务--	选择参保人行政职务
	委托代发银行名称	--	北京银行（只限本市）	--请选择委托代发银行名称--	委托代发银行名称
	委托代发银行账号	--	--		委托代发银行账号

四险专有信息

选择	变更项目	四险当前内容	变更内容	帮助
	户口所在地邮政编码	102602		户口所在地邮编（6位数字，后5位不能全为0）
	获取对账单方式	网上查询	--请选择获取对账单方式--	获取对账单方式
	邮寄社会保险对账单省份	北京市	--请选择对账单省份--	参保人邮寄社会保险对账单省份
	对账单地址邮政编码	102602		对账单地址邮政编码(6位数字，后5位不能全为0)。
	电子邮件地址	--		请输入有效的邮件地址，如 username@example.com
	用工形式	--	--请选择用工形式--	参保人用工形式
	工种	--		参保人工种登记

医疗专有信息

选择	变更项目	医疗当前内容	变更内容	帮助
	出生地	--		参保人出生地址
	婚姻状况	--	--请选择婚姻状况--	参保人婚姻状况

保存 提交 取消修改

6）提交后系统显示本次申报业务结果。

▶ 申报业务 〉 个人信息变更

业务操作成功
您在2020-09-07 申报交易流水号为2020090724447808的信息变更类业务操作成功

已提交成功的个人基本信息变更类业务

请打印“北京市社会保险个人信息变更登记表”一式两份，并携带相关资料于提交之日起的2个月内,每月的5日-25日到社保经办机构窗口现场办理个人信息变更审核手续!

变更项目	变更项值	申报状态
民族	回族	提交成功等待审核

已变更成功的个人基本信息变更类业务

变更项目	变更项值	申报状态
参保人手机	18811365647	变更成功

返回

7）变更审核项反馈结果。

※ 需审核项提交成功的申报状态为“提交成功等待审核”，并提示：“请打印‘北京市社会保险个人信息变更登记表’一式两份，并携带相关资料于提交之日起的 2 个月内，每月的 5 日—25 日到社保经办机构窗口现场办理单位信息变更审核手续！”社保经办机构窗口审核成功后说明该变更项变更业务办理成功。

注：需审核变更项超过 2 个月未审核，该变更项变更申报自动变为失败。

（2）申报信息状态查询

该功能用于查找历史申报交易，查看申报交易状态。

1）单击【查询管理】。

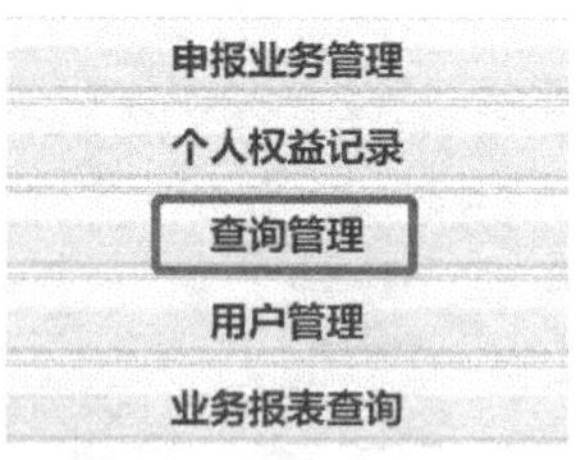

2）选择【申报信息状态查询】。

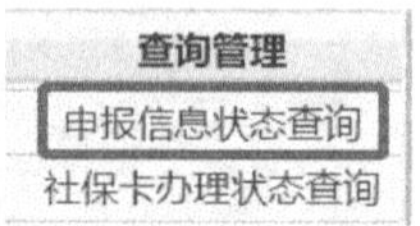

3）输入查询条件，单击【查询】按钮。

※ 本任务中申报流水号输入“2020090724447808”。

4）审核前【办理状态】为“处理中”，【业务反馈状态】为“导入成功”。

※ 本任务中结果展示的个人基本信息变更业务反馈状态为“导入成功”。

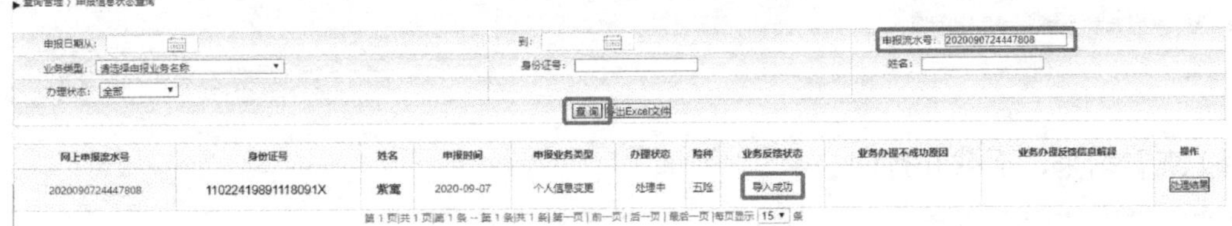

5）审核后【办理状态】为“处理结束”，【业务反馈状态】为“审核成功”。

※ 本任务中结果展示的个人基本信息变更业务反馈状态为“审核成功”。

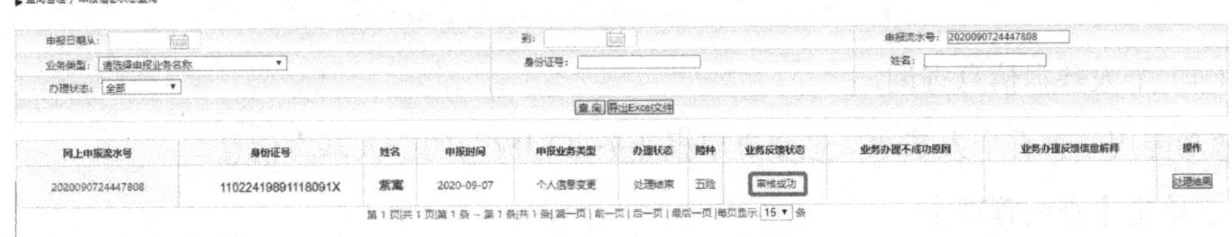

【业务反馈状态】情况说明如下。

导入成功：个人基本信息变更业务变更非审核项申报成功，变更审核项等待审核。

导入失败：个人基本信息变更业务申报失败。

审核成功：个人基本信息变更业务变更审核项申报成功。

审核失败：个人基本信息变更业务变更审核项申报失败，如果该笔交易存在非审核项，非审核项申报成功。

（3）打印个人信息变更登记表

该功能用于打印个人基本信息变更申报业务办理成功的“北京市社会保险个人信息变更登记表”。

1）单击【业务报表查询】。

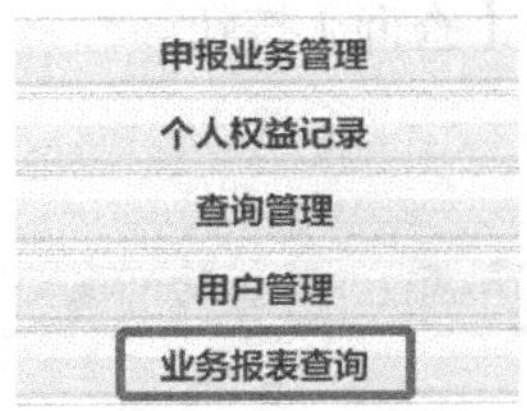

2）选择【个人信息变更登记表】。

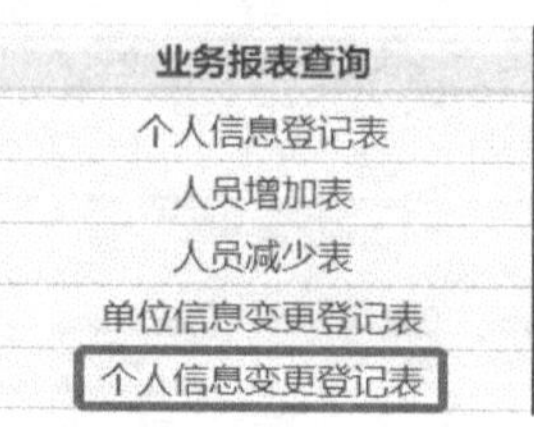

3）录入查询条件，单击【查询】按钮。

※ 本任务中申报流水号应输入“2020090724447808”。

▶ 报表打印 〉北京市社会保险个人信息变更登记表

从： 到： 身份证号码： 姓名： 申报流水号：2020090724447808 查询

4）查看结果，下载并打印。

▶ 报表打印 〉北京市社会保险个人信息变更登记表

从：2020-09-07 到：2020-09-07 身份证号码： 姓名： 申报流水号：2020090724447808 查询

勾选记录	申报信息流水号	申报时间	身份证号码	姓名
☑	2020090724447808	2020-09-07	11022419891118091X	紫寓

☑ 全选

打印非审核项 打印审核项

（4）个人基本信息查询

该功能用于查看个人基本信息变更申报业务办理成功的个人基本信息。

1）单击【查询管理】。

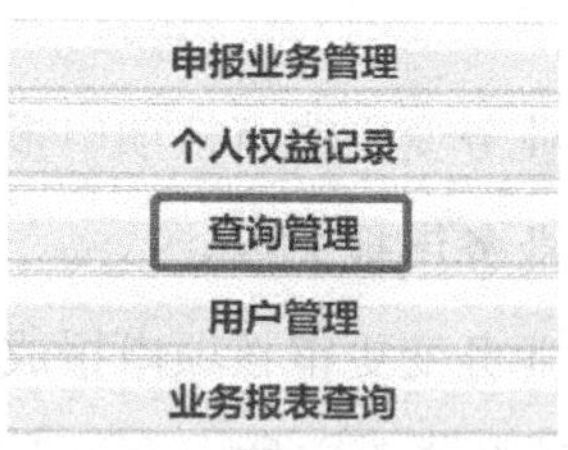

2）选择【个人基本信息查询】。

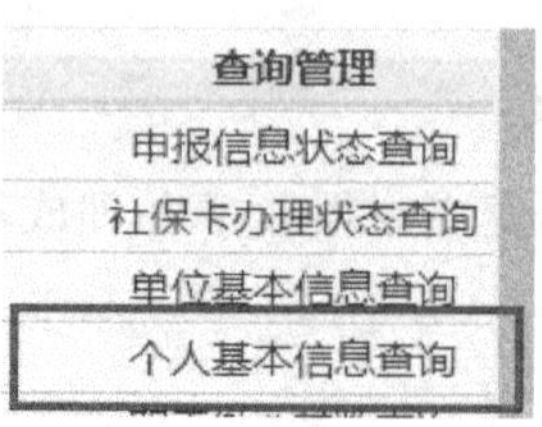

3）输入身份证号、姓名，单击【查询】按钮。

▶ 查询管理 〉个人基本信息查询

身份证号码：11022419891118091X 姓名：紫寓 查询

4）查看结果（审核前）。

※ 本任务中参保人手机号已变更为“18811365647”；民族因为还未审核仍为变更前内容。

查询管理 》个人基本信息查询

身份证号码：11022419891118091X 姓名：紫寓 查询

单位名称：中国奔驰汽车贸易股份有限公司 统一社会信用代码（组织机构代码）：91110000100023205F 社会保险登记号：91110000100023205F 所属区县：朝阳区 医保手册号：108947108005

*参加险种	[养老缴费（正常)缴费] [失业缴费（正常)缴费] [工伤缴费（正常)缴费] [生育缴费（正常)缴费] [医保缴费（正常)缴费]		暂无照片
*姓名	紫寓	*公民身份号码（社会保障号码）	11022419891118091X
*性别	男	*出生日期	19891118
*民族	汉族	*国家/地区	中国
*个人身份	工人	*参加工作日期	20110701
户口所在区县街乡		*户口性质	城镇（非农业户口）
*户口所在地地址	北京市大兴区礼贤镇紫各庄	*户口所在地邮政编码	102602
*居住地(联系)地址	北京市大兴区礼贤镇紫各庄	*居住地（联系）邮政编码	102602(医保)
选择邮寄社会保险对账单地址		对账单邮政编码	102602
*获取对账单方式	网上查询　电子邮件地址	*文化程度	大专
*参保人电话	参保人手机　18811365647	*申报月均工资收入（元）	16645(四险)12199(医保)
*证件类型		*证件号码	
*委托代发银行名称	北京银行（只限本市）(医保)	*委托代发银行账号	1103257915(医保)
*缴费人员类别	本市城镇职工	*医疗参保人员类别	在职职工
离退休类别		离退休日期	
定点医疗机构1	三零一医院	定点医疗机构2	通州区第二医院
定点医疗机构3	潞河医院	定点医疗机构4	北京市大兴区亦庄医院
定点医疗机构5		*是否患有特殊病	无特殊病
外籍人员信息			
护照号码		外国人居留证号码	
外国人证件类型		外国人证件号码	
附属信息			
联系人姓名		联系人电话	
《北京市工作居住证》编码		有效截止日期	
工种		农转非类别	
批准征地日期		农转工补缴单位名称	
申报报销单位社保号		申报报销单位名称	
社会保险补助开始时间		社会保险补助截止时间	
手工报销街道			
工种补充资料			
特殊工种	工作起始时间	所在单位名称	统一社会信用代码（组织机构代码）

打印登记表　打印登记表主表

5）查看结果（审核后）。

※ 本任务中民族变更为“回族”。

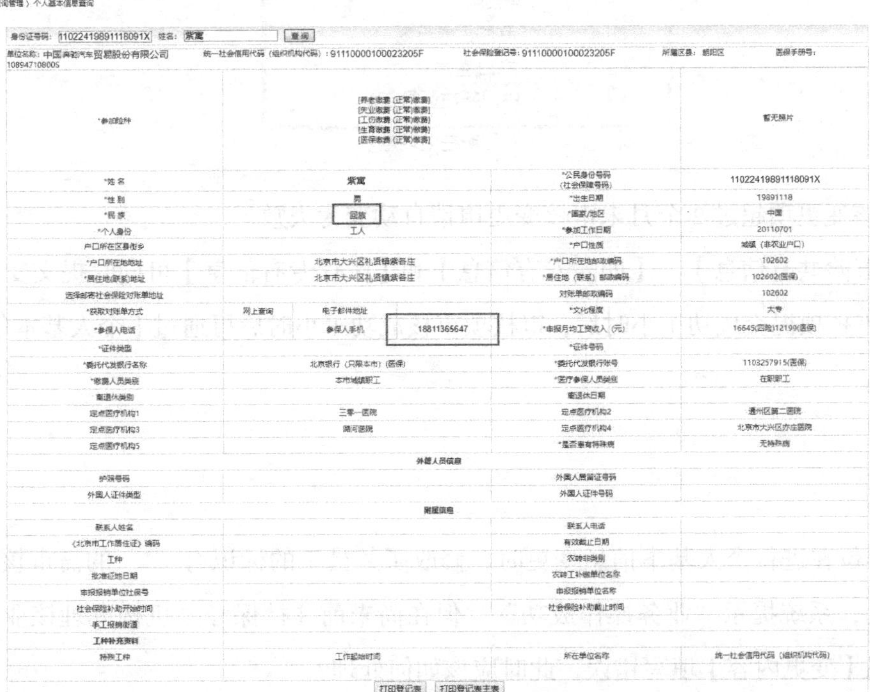

查询管理 》个人基本信息查询

身份证号码：11022419891118091X 姓名：紫寓 查询

单位名称：中国奔驰汽车贸易股份有限公司 统一社会信用代码（组织机构代码）：91110000100023205F 社会保险登记号：91110000100023205F 所属区县：朝阳区 医保手册号：108947108005

*参加险种	[养老缴费（正常)缴费] [失业缴费（正常)缴费] [工伤缴费（正常)缴费] [生育缴费（正常)缴费] [医保缴费（正常)缴费]		暂无照片
*姓名	紫寓	*公民身份号码（社会保障号码）	11022419891118091X
*性别	男	*出生日期	19891118
*民族	回族	*国家/地区	中国
*个人身份	工人	*参加工作日期	20110701
户口所在区县街乡		*户口性质	城镇（非农业户口）
*户口所在地地址	北京市大兴区礼贤镇紫各庄	*户口所在地邮政编码	102602
*居住地(联系)地址	北京市大兴区礼贤镇紫各庄	*居住地（联系）邮政编码	102602(医保)
选择邮寄社会保险对账单地址		对账单邮政编码	102602
*获取对账单方式	网上查询　电子邮件地址	*文化程度	大专
*参保人电话	参保人手机　18811365647	*申报月均工资收入（元）	16645(四险)12199(医保)
*证件类型		*证件号码	
*委托代发银行名称	北京银行（只限本市）(医保)	*委托代发银行账号	1103257915(医保)
*缴费人员类别	本市城镇职工	*医疗参保人员类别	在职职工
离退休类别		离退休日期	
定点医疗机构1	三零一医院	定点医疗机构2	通州区第二医院
定点医疗机构3	潞河医院	定点医疗机构4	北京市大兴区亦庄医院
定点医疗机构5		*是否患有特殊病	无特殊病
外籍人员信息			
护照号码		外国人居留证号码	
外国人证件类型		外国人证件号码	
附属信息			
联系人姓名		联系人电话	
《北京市工作居住证》编码		有效截止日期	
工种		农转非类别	
批准征地日期		农转工补缴单位名称	
申报报销单位社保号		申报报销单位名称	
社会保险补助开始时间		社会保险补助截止时间	
手工报销街道			
工种补充资料			
特殊工种	工作起始时间	所在单位名称	统一社会信用代码（组织机构代码）

打印登记表　打印登记表主表

4. 操作重点

1）申报反馈页面提示“业务操作成功”，说明单位基本信息变更申报业务非审核项办理成功，变更值立即生效；审核项需前往区县经办机构办理人工审核，审核成功后变更值立即生效；

人工审核需打印“北京市社会保险个人信息变更登记表”一式两份，并携带相关资料于提交之日起的 2 个月内，每月的 5 日—25 日到社保经办机构窗口现场办理单位信息变更审核手续。

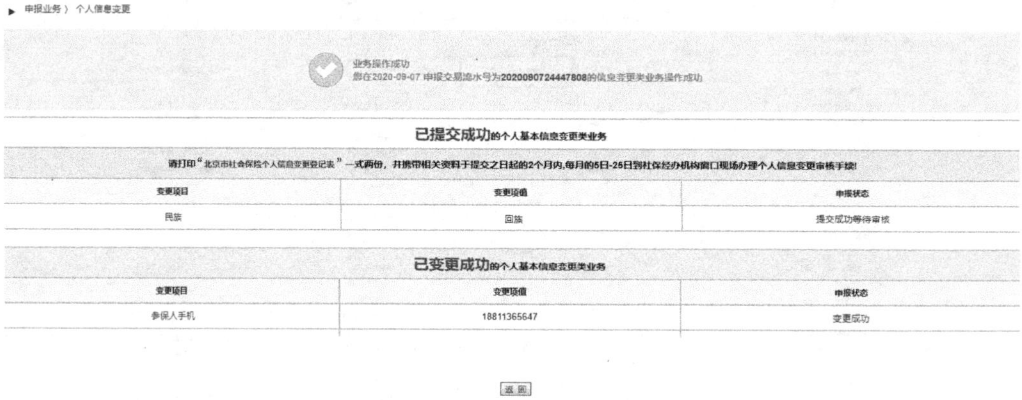

▶ 申报业务 〉 个人信息变更

业务操作成功
您在2020-09-07 申报交易流水号为2020090724447808的信息变更类业务操作成功

已提交成功的个人基本信息变更类业务

请打印“北京市社会保险个人信息变更登记表”一式两份，并携带相关资料于提交之日起的2个月内，每月的5日-25日到社保经办机构窗口现场办理个人信息变更审核手续!

变更项目	变更项值	申报状态
民族	回族	提交成功等待审核

已变更成功的个人基本信息变更类业务

变更项目	变更项值	申报状态
参保人手机	18811365647	变更成功

返回

2）变更项目前有“*”的变更项为审核项。

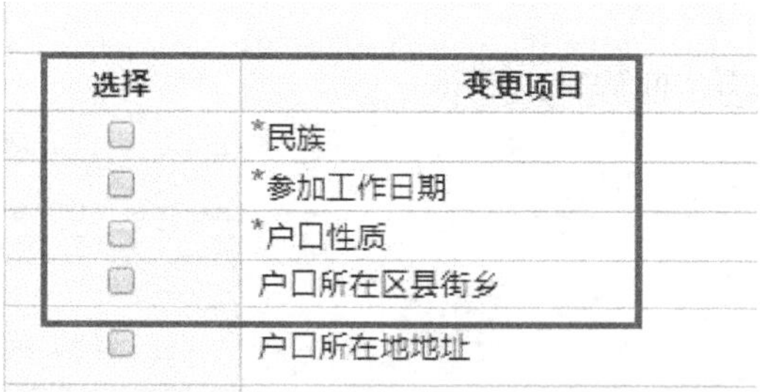

选择	变更项目
☐	*民族
☐	*参加工作日期
☐	*户口性质
☐	户口所在区县街乡
☐	户口所在地地址

3）审核变更项超过 2 个月未审核变更申请自动变为失败。

4）【五险共有信息】、【四险专有信息】和【医疗专有信息】可同时提交变更。

5）非审核项提交成功 1 小时后，审核项审核成功 1 小时后可通过【个人基本信息查询】查看。

习题

用人单位在进行个人基本信息变更时，修改了某员工的标识有“*”的需审核变更项，提交变更后，系统提示“业务操作成功”。但在尚未前往社保经办机构办理该业务的人工审核时发现【变更内容】填写错误，此时应该如何处理？

A. 前往社保经办机构将审核变更项审核失败，再重新操作个人基本信息变更

B. 重新进行个人基本信息变更业务申报，并正确填写【变更内容】后提交，待系统反馈“业务操作成功”后，重新打印“北京市社会保险个人信息变更登记表”，再前往社保经办机构办理审核业务

答：【 】

解析：个人基本信息变更审核变更项在未办理审核前可重复提交，系统会以最后一次成功提交结果为准。

定点医疗机构变更

学习任务 6 定点医疗机构变更

一、任务描述

某用人单位在职职工紫寓（身份证号 11022419891118091X），申请变更定点医疗机构，将“北京市通州区马驹桥镇马驹桥社区卫生服务中心”变更为“首都医科大学附属北京朝阳医院”，保留其他定点医疗机构。

二、业务流程

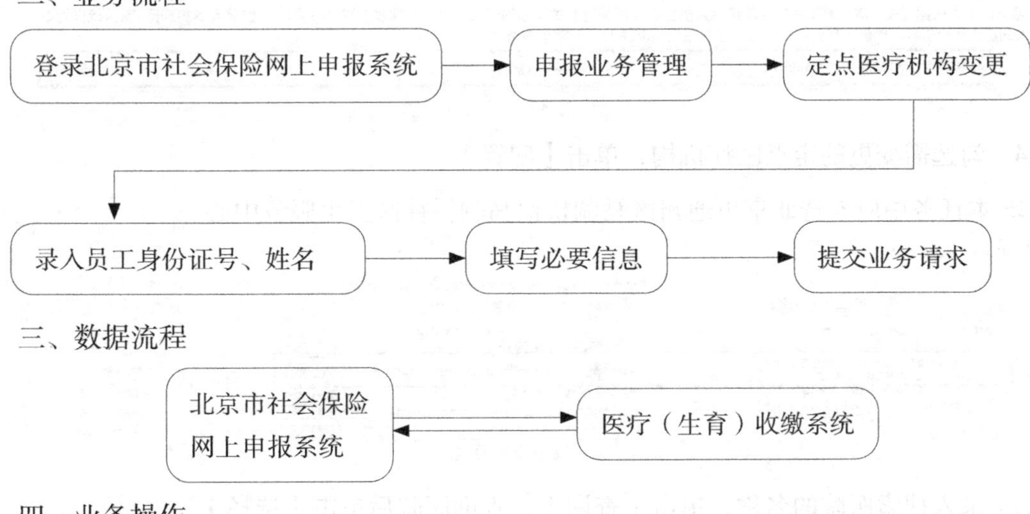

三、数据流程

四、业务操作

1. 功能简介

定点医疗机构变更功能用于参保企业为本单位在职职工办理定点医疗机构变更业务。

2. 业务办理时间

每月 4 日至月底最后 1 天，每日早 6：00 至晚 10：00。

3. 操作流程

（1）定点医疗机构变更

1）登录北京市社会保险网上申报系统后，单击【申报业务管理】。

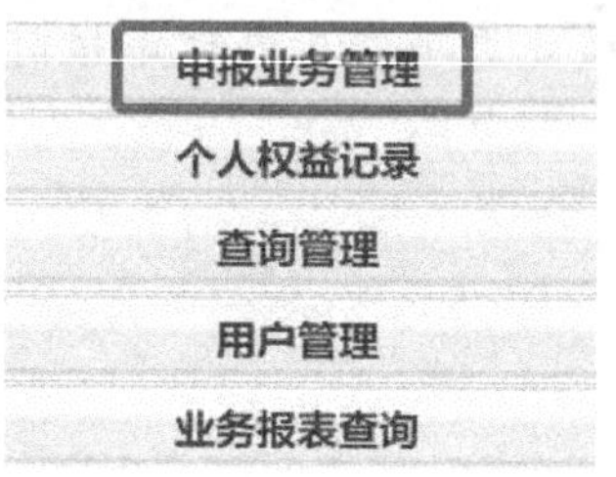

2）选择【定点医疗机构变更】。

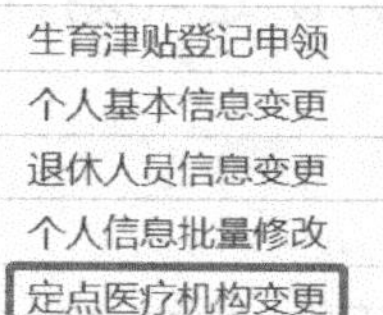

3）在打开的【定点医疗机构变更】操作页面中输入身份证号和姓名，单击【确定】按钮。

※ 本任务中身份证号应输入“11022419891118091X”，姓名应输入“紫寓”。

▶ 申报业务 〉 定点医疗机构变更

温馨提示：根据《关于本市基本医疗保险参保人员社区就医管理有关问题的通知》（京医保发[2021]14号）：参保人最多选择4家医院作为本人的定点医疗机构。参保人员到本市定点社区卫生机构就医时，无需事先选择。

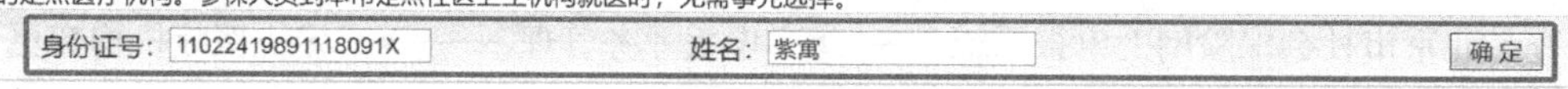

4）勾选需变更的定点医疗机构，单击【配置】。

※ 本任务中应勾选北京市通州区马驹桥镇马驹桥社区卫生服务中心。

▶ 申报业务 〉 定点医疗机构变更

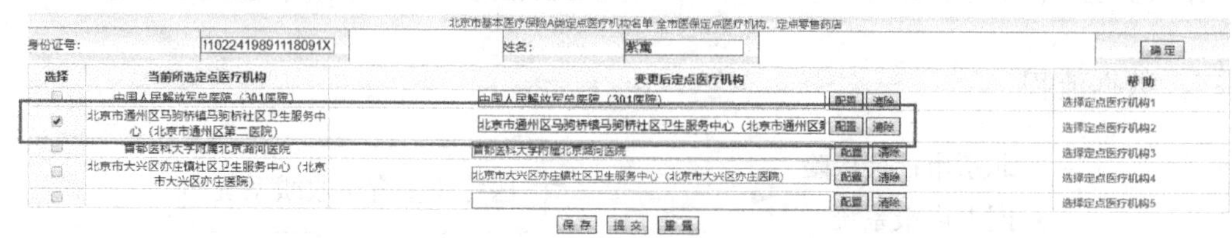

5）录入搜索医院的名称，单击【查询】，查询医院后单击【选择】。

※ 本任务中应输入搜索医院朝阳医院，选择首都医科大学附属北京朝阳医院。

注：【搜索医院】支持医院名称模糊查询或医院编码精确查询。

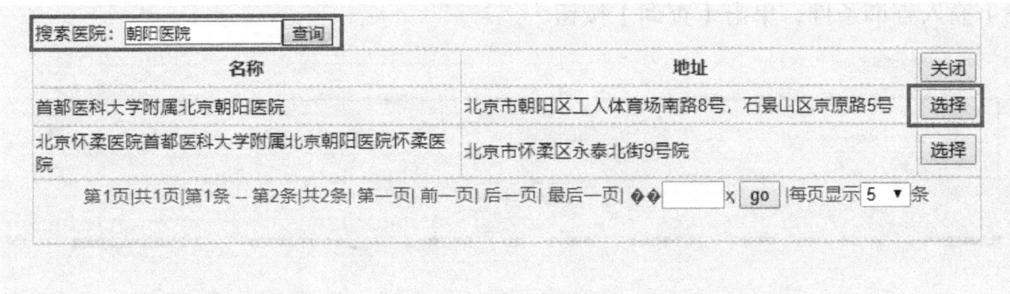

搜索医院：朝阳医院 查询

名称	地址	关闭
首都医科大学附属北京朝阳医院	北京市朝阳区工人体育场南路8号，石景山区京原路5号	选择
北京怀柔医院首都医科大学附属北京朝阳医院怀柔医院	北京市怀柔区永泰北街9号院	选择

第1页|共1页|第1条 -- 第2条|共2条| 第一页| 前一页| 后一页| 最后一页| ��x go |每页显示 5 条

6）确认定点医疗机构变更医院信息无误后，单击【提交】按钮。

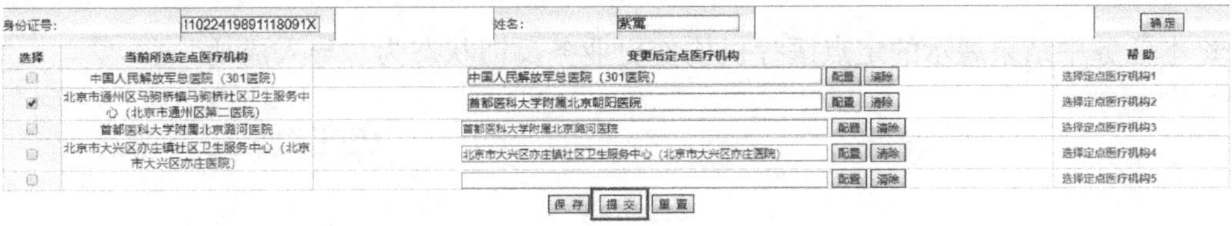

身份证号：11022419891118091X 姓名：紫寓 确定

选择	当前所选定点医疗机构	变更后定点医疗机构		帮助
☐	中国人民解放军总医院（301医院）	中国人民解放军总医院（301医院）	配置 清除	选择定点医疗机构1
☑	北京市通州区马驹桥镇马驹桥社区卫生服务中心（北京市通州区第二医院）	首都医科大学附属北京朝阳医院	配置 清除	选择定点医疗机构2
☐	首都医科大学附属北京潞河医院	首都医科大学附属北京潞河医院	配置 清除	选择定点医疗机构3
☐	北京市大兴区亦庄镇社区卫生服务中心（北京市大兴区亦庄医院）	北京市大兴区亦庄镇社区卫生服务中心（北京市大兴区亦庄医院）	配置 清除	选择定点医疗机构4
☐			配置 清除	选择定点医疗机构5

保存 提交 重置

7）提交后系统显示本次申报业务结果。

▶ 申报业务 〉 定点医疗机构变更 〉 您申报的定点医疗机构变更已申报成功，将于次日生效

申报交易处理信息		
申报交易流水号：2020090810208021	社会保险登记号：110105000115	
四险反馈状态：---	四险不成功原因：---	四险不成功的原因解释：---
医疗反馈状态：导入成功	医疗不成功原因：---	医疗不成功的原因解释：---
申报业务类型：定点医疗机构变更	申报日期：2020-09-08	办理状态：处理结束

返回

※ 本任务中医疗反馈状态提示“导入成功”，说明用人单位对职工紫寓的定点医疗机构变更操作已经成功，职工紫寓可于次日前往选定医院就医。

（2）申报信息状态查询

该功能用于查找历史申报交易，查看申报交易状态。

1）单击【查询管理】。

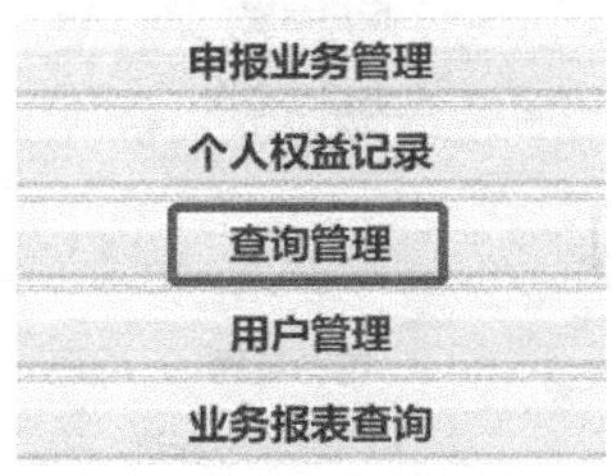

2）选择【申报信息状态查询】。

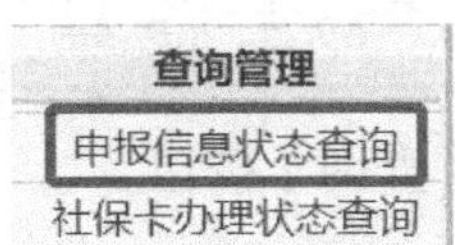

3）输入查询条件，单击【查询】按钮。

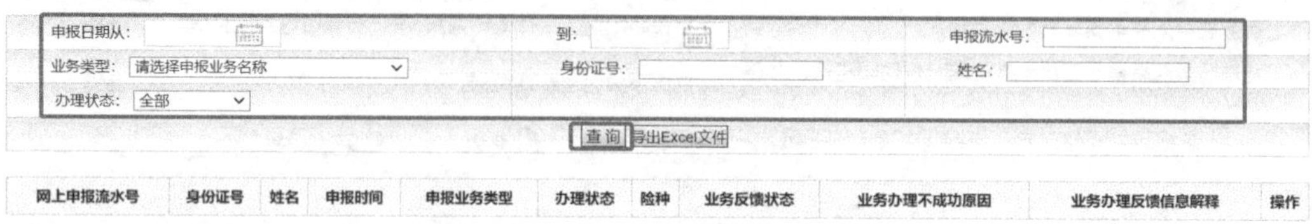

※ 本任务中申报流水号应输入“2020090810208021”。

4）查看结果。

※ 本任务中结果展示的定点医疗机构变更业务反馈状态为“导入成功”。

查询管理 〉申报信息状态查询

申报日期从：　到：　申报流水号：2020090810208021

业务类型：请选择申报业务名称　身份证号：　姓名：

办理状态：全部

查询　导出Excel文件

网上申报流水号	身份证号	姓名	申报时间	申报业务类型	办理状态	险种	业务反馈状态	业务办理不成功原因	业务办理反馈信息解释	操作
2020090810208021	11022419891118091X	紫寓	2020-09-08	定点医疗机构变更	处理结束		导入成功			处理结果

第1页|共1页|第1条--第1条|共1条|第一页|前一页|后一页|最后一页|每页显示 15 条

【业务反馈状态】情况说明如下。

导入成功：定点医疗机构变更申报成功。

导入失败：定点医疗机构变更申报失败。

（3）个人基本信息查询

该功能用于查看定点医疗机构变更申报业务办理成功的个人基本信息。

1）单击【查询管理】。

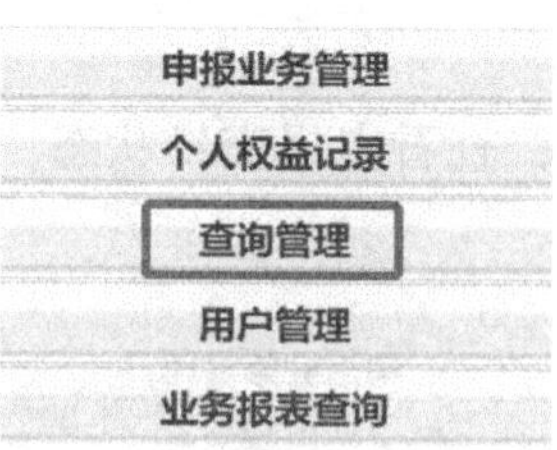

2）选择【个人基本信息查询】。

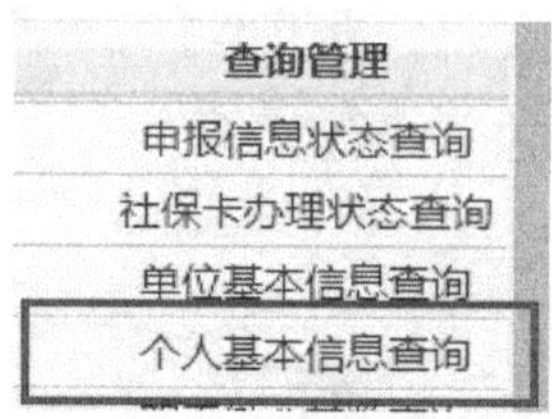

3）输入身份证号和姓名，单击【查询】按钮。

▶ 查询管理 〉个人基本信息查询

身份证号码：110224198911180 91X 姓名：紫寓 查询

4）查看结果。

查询管理 〉个人基本信息查询

身份证号码：110224198911180 91X 姓名：紫寓 查询

定点医疗机构1	中国人民解放军总医院（301医院）	定点医疗机构2	首都医科大学附属北京朝阳医院
定点医疗机构3	首都医科大学附属北京潞河医院	定点医疗机构4	北京市大兴区亦庄镇社区卫生服务中心
定点医疗机构5		*是否患有特殊病	无特殊病

4. 操作重点

1）医疗反馈状态提示“导入成功”，说明定点医疗机构变更操作已经成功；定点医疗机构变更成功后次日生效，参保人可于次日前往定点医院就医。

▶ 申报业务 〉定点医疗机构变更 〉 您申报的定点医疗机构变更已申报成功，将于次日生效

申报交易处理信息		
申报交易流水号：2020090810208021	社会保险登记号：110105000115	
四险反馈状态：---	四险不成功原因：---	四险不成功的原因解释：---
医疗反馈状态：导入成功	医疗不成功原因：---	医疗不成功的原因解释：---
申报业务类型：定点医疗机构变更	申报日期：2020-09-08	办理状态：处理结束

返回

2）【搜索医院】支持医院名称模糊查询或医院编码精确查询。

医院名称模糊查询如下。

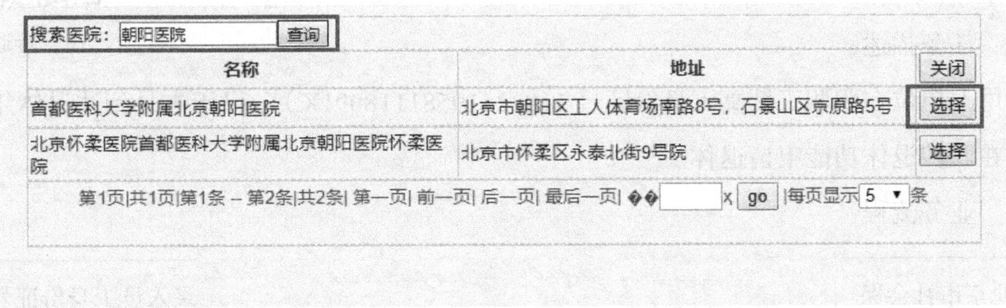

搜索医院：朝阳医院 查询

名称	地址	关闭
首都医科大学附属北京朝阳医院	北京市朝阳区工人体育场南路8号，石景山区京原路5号	选择
北京怀柔医院首都医科大学附属北京朝阳医院怀柔医院	北京市怀柔区永泰北街9号院	选择

第1页|共1页|第1条 – 第2条|共2条| 第一页| 前一页| 后一页| 最后一页| �� x go |每页显示 5 条

医院编码精确查询如下。

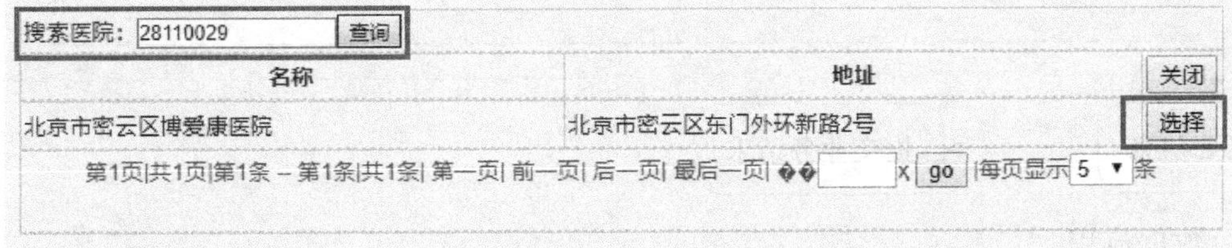

搜索医院：28110029 查询

名称	地址	关闭
北京市密云区博爱康医院	北京市密云区东门外环新路2号	选择

第1页|共1页|第1条 – 第1条|共1条| 第一页| 前一页| 后一页| 最后一页| �� x go |每页显示 5 条

3）每日可对同一人多次提交，最后一次提交成功的医院为最终结果。

习题

1. 用人单位在为本单位职工办理定点医疗机构变更业务申报时，可否选择外地医院？

A. 可以　　　　B. 不可以

答：【　　】

解析：定点医疗机构变更功能只可以变更本市的定点医疗机构。

2. 用人单位在为本单位职工办理定点医疗机构变更业务申报后，得到系统反馈“导入成功”，该职工何时可以前往变更后的医院就医？

A. 变更当日　　　　B. 变更次日　　　　C. 变更次月

答：【　　】

解析：定点医疗机构变更反馈成功后将于次日生效。

学习任务 7 在职转退休

在职转退休

一、任务描述

某用人单位在职职工紫寓（身份证号 11022419581118091X），已于本月到达退休年龄，现通过在职转退休功能申请退休。

二、业务流程

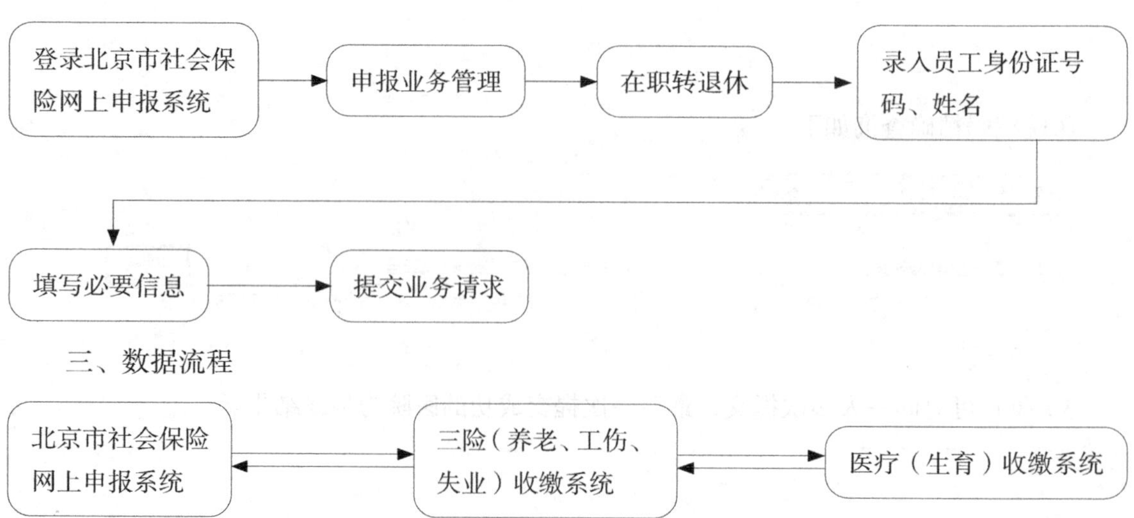

三、数据流程

四、业务操作

1. 功能简介

在职转退休功能用于参保单位为本单位在职职工办理在职转退休业务。

2. 业务办理时间

每月 4 日至 25 日，每日早 6：00 至晚 10：00。

3. 操作流程

（1）在职转退休

1）登录北京市社会保险网上申报系统后，单击【申报业务管理】。

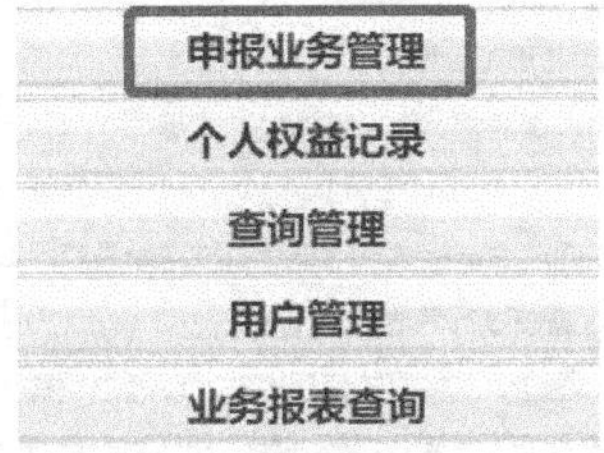

2）选择【在职转退休】。

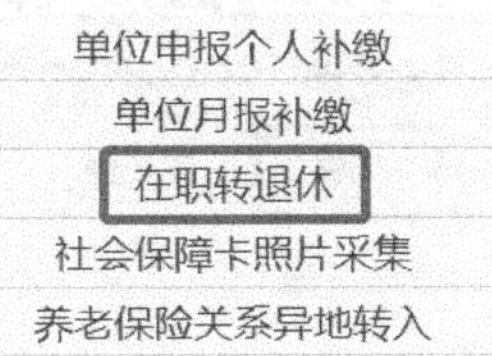

3）输入身份证号和姓名，单击【确定】按钮。

※ 本任务中身份证号应输入“11022419581118091X”，姓名应输入“紫寓”。

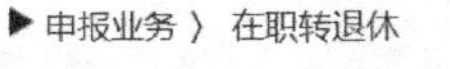

4）查看【用人单位为职工办理退休事项告知书】，单击【同意】按钮。

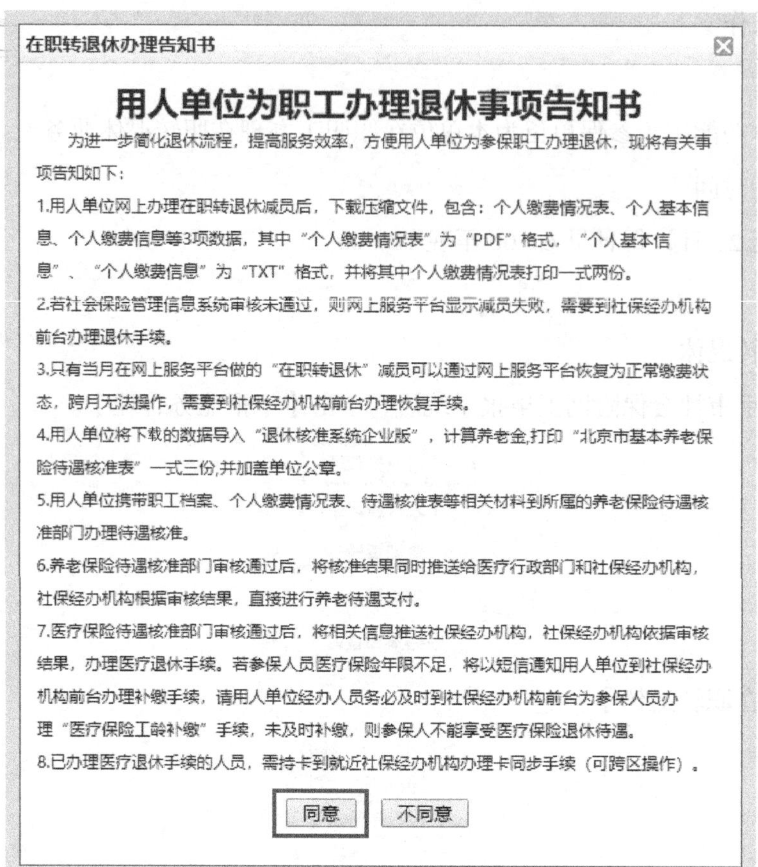
在职转退休办理告知书

用人单位为职工办理退休事项告知书

为进一步简化退休流程，提高服务效率，方便用人单位为参保职工办理退休，现将有关事项告知如下：

1.用人单位网上办理在职转退休减员后，下载压缩文件，包含：个人缴费情况表、个人基本信息、个人缴费信息等3项数据，其中“个人缴费情况表”为“PDF”格式，“个人基本信息”、“个人缴费信息”为“TXT”格式，并将其中个人缴费情况表打印一式两份。

2.若社会保险管理信息系统审核未通过，则网上服务平台显示减员失败，需要到社保经办机构前台办理退休手续。

3.只有当月在网上服务平台做的“在职转退休”减员可以通过网上服务平台恢复为正常缴费状态，跨月无法操作，需要到社保经办机构前台办理恢复手续。

4.用人单位将下载的数据导入“退休核准系统企业版”，计算养老金,打印“北京市基本养老保险待遇核准表”一式三份,并加盖单位公章。

5.用人单位携带职工档案、个人缴费情况表、待遇核准表等相关材料到所属的养老保险待遇核准部门办理待遇核准。

6.养老保险待遇核准部门审核通过后，将核准结果同时推送给医疗行政部门和社保经办机构，社保经办机构根据审核结果，直接进行养老待遇支付。

7.医疗保险待遇核准部门审核通过后，将相关信息推送社保经办机构，社保经办机构依据审核结果，办理医疗退休手续。若参保人员医疗保险年限不足，将以短信通知用人单位到社保经办机构前台办理补缴手续，请用人单位经办人员务必及时到社保经办机构前台为参保人员办理“医疗保险工龄补缴”手续，未及时补缴，则参保人不能享受医疗保险退休待遇。

8.已办理医疗退休手续的人员，需持卡到就近社保经办机构办理卡同步手续（可跨区操作）。

同意　不同意

5）选择【四险、医疗社会化街道】，单击【提交】按钮。

※ 本任务中四险社会化街道应选择“朝阳区首都机场街道社会保障事务所”，医疗社会化街道应选择“朝阳区朝外街道社会保险代理处”。

▶ 申报业务 〉 在职转退休

身份证号码：11022419581118091X　姓名：紫寓　确定

姓名	紫寓	身份证号	11022419581118091X
四险个人身份	工人	医保个人身份	工人
四险缴费人员类别	本市城镇职工	医保缴费人员类别	本市城镇职工
缴费状态	[养老缴费(正常)缴费] [失业缴费(正常)缴费] [工伤缴费(正常)缴费] [医保缴费 (正常)缴费]		
当前可办理停止缴费的险种	✓ 基本养老保险 ✓ 失业保险 ✓ 工伤保险 ✓ 生育保险 ✓ 基本医保保险		
缴费截止月份	2020-09	个人缴费停止原因	在职转退休
选择四险社会化街道	朝阳区首都机场街道社会	选择医疗社会化街道	朝阳区朝外街道社会保

提交　返回

6）提交后系统显示本次申报业务结果。

※ 本任务中提示“业务操作成功”，说明在职职工紫寓的在职转退休网上申报系统操作已经成功，参保企业需通过反馈页面下载相关文件并打印相关材料前往相关行政部门办理退休审核手续。

（2）申报信息状态查询

该功能用于查找历史申报交易，查看申报交易状态。

1）单击【查询管理】。

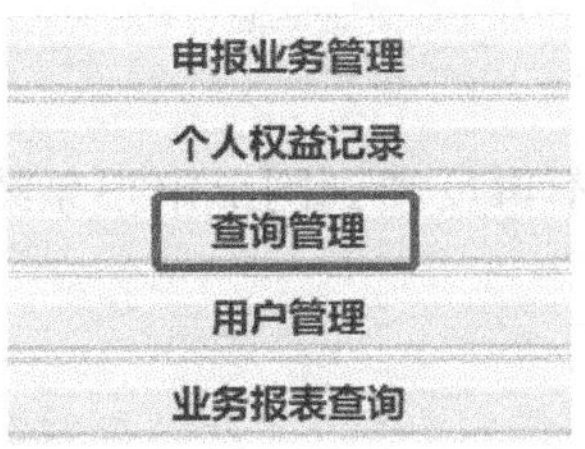

2）选择【申报信息状态查询】。

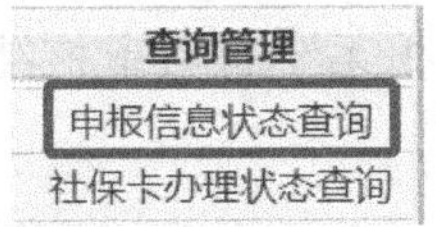

3）输入查询条件，单击【查询】按钮。

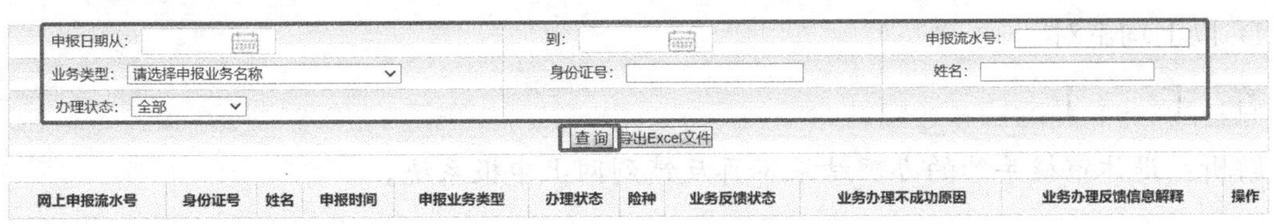

※ 本任务中申报流水号应输入“2018092683510586”。

4）查看结果。

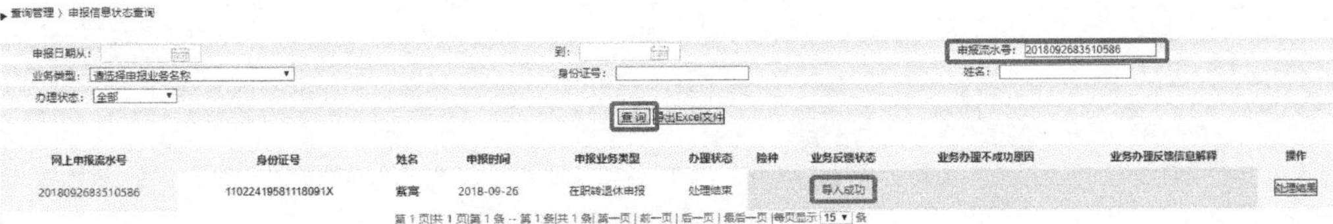

※ 本任务中结果展示的紫寓的在职转退休业务反馈状态为“导入成功”。

【业务反馈状态】情况说明如下。

导入成功：在职转退休申报成功。

导入失败：在职转退休申报失败。

4. 操作重点

1）系统提示“业务操作成功”，说明在职转退休网上申报系统操作已经成功，参保企业需通过反馈页面下载相关文件并打印相关材料前往相关行政部门办理退休审核手续。

2）退休审核手续的办理结果不再反馈到网上申报系统。

习题

办理在职转退休业务后提示“业务操作成功”，打印相关材料前往相关行政部门办理退休审核手续，何时能够通过网上申报系统查看审核结果？

A. 审核办理完成立刻可以查看

B. 审核办理完成后次日可以查看

C. 审核办理完成后次月可以查看

D. 以上均不对

答：【　　】

解析：退休审核手续的办理结果不再反馈到网上申报系统。

学习任务 8 五险一金基数采集

一、任务场景

参保单位为本单位在职职工申报五险当年月均工资收入，采集公积金缴存比例；现通过五险一金基数采集功能办理相关业务，人员明细如下：

姓名王文佳，身份证号 110101199107221016，申报工资 5000 元；

姓名崔建秋，身份证号 110111199110211214，申报工资 5000 元；

姓名徐天浩，身份证号 110105197506171517，申报工资 8400 元；

姓名詹一然，身份证号 110229199110292029，申报工资 12000 元。

单位与个人缴存比例为 12%。

二、业务流程

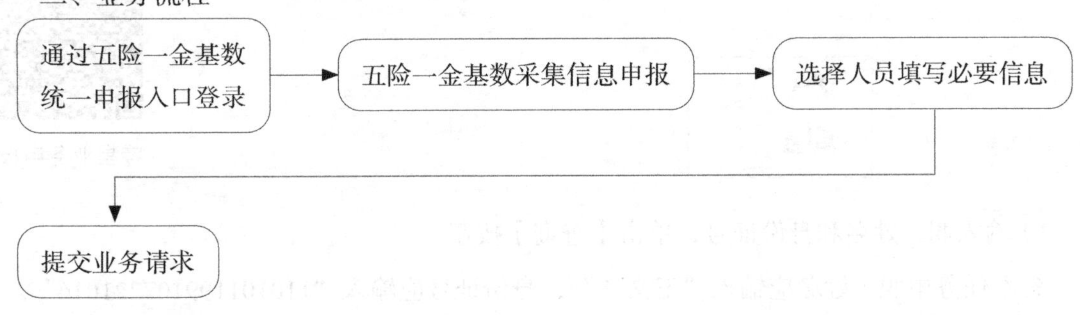

三、数据流程

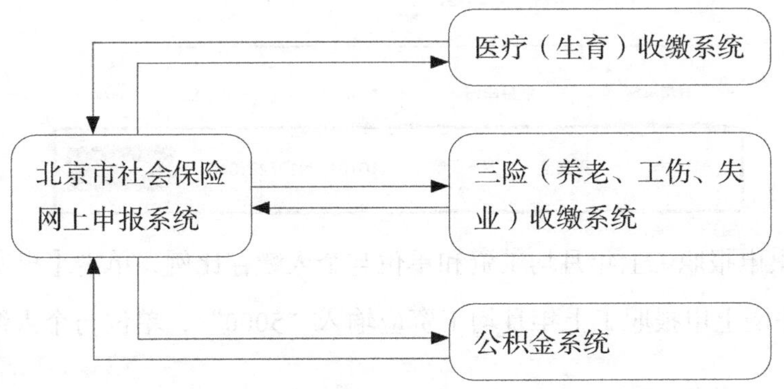

四、业务操作

1. 功能简介

五险一金基数采集功能用于参保单位为本单位在职职工申报五险当年月均工资收入并采集公积金缴存比例。

2. 业务办理时间

每年 6 月 5 日至 7 月 25 日，全天 24 小时可办理。

3. 操作流程

（1）五险一金基数采集信息申报

1）单击【立即办理】按钮。

2）【五险一金基数采集信息申报】分为【零星业务申报】和【批量业务申报】，先选择【零星业务申报】。

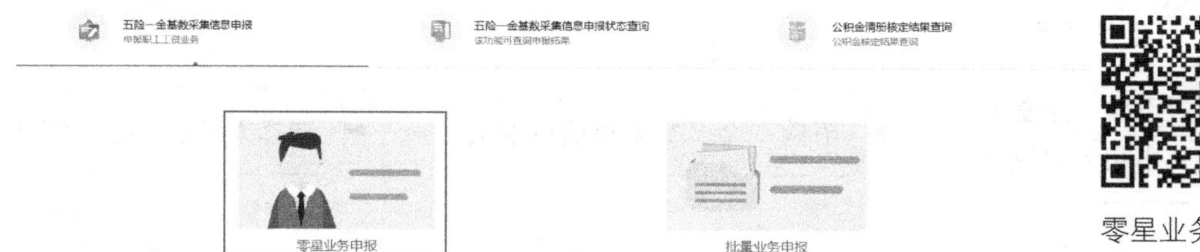

零星业务申报

3）输入职工姓名和身份证号，单击【查询】按钮。

※ 本任务中职工姓名应输入“王文佳”，身份证号应输入“110101199107221016”。

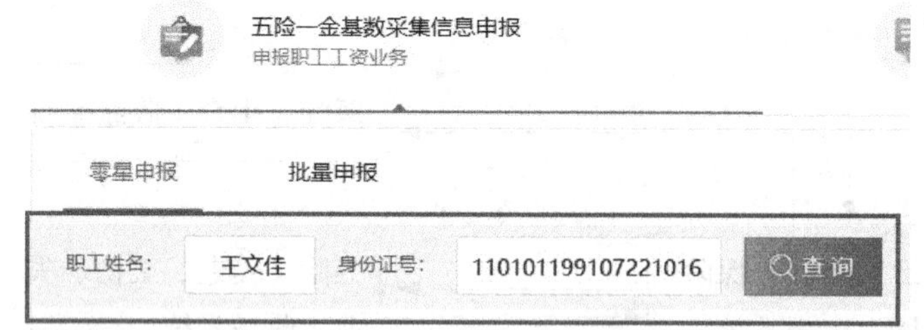

4）输入网上申报职工上年月均工资和单位与个人缴存比例，单击【提交申报】按钮。

※ 本任务中网上申报职工上年月均工资应输入“5000”，单位与个人缴存比例应输入“12%”。

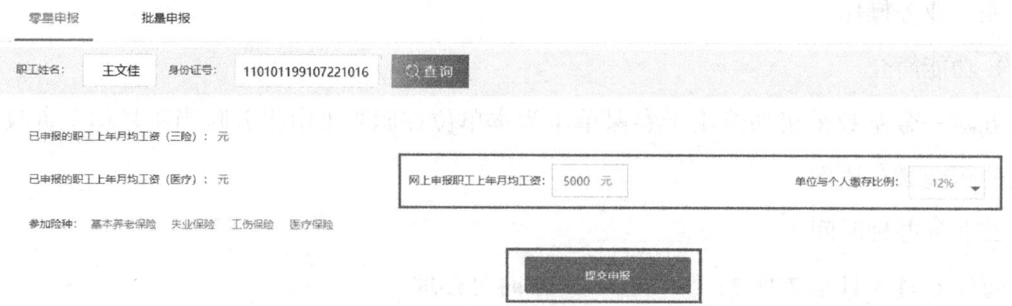

5）查看反馈结果。

五险一金基数采集信息申报成功

办理时间：2020-09-10 15:38:55　交易流水号：2020091010209003

返回首页　继续办理

※ 本任务中提示“五险一金基数采集信息申报成功”，说明该项业务办理成功。

6）选择【批量业务申报】。

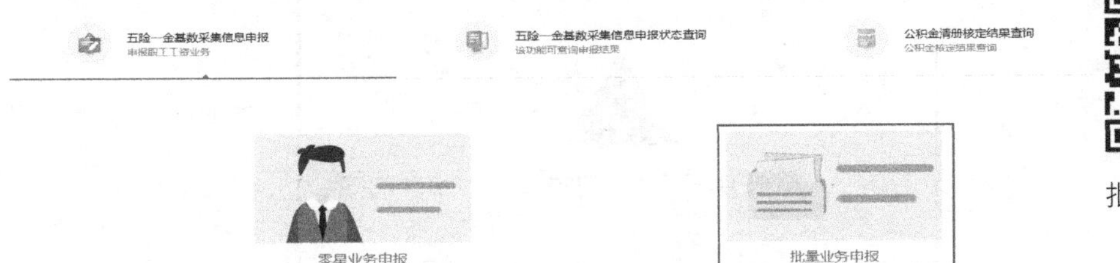

批量业务申报

7）选择申报人员，单击【导出 Excel 文件】。

※ 本任务中应选择“未申报的人员”。

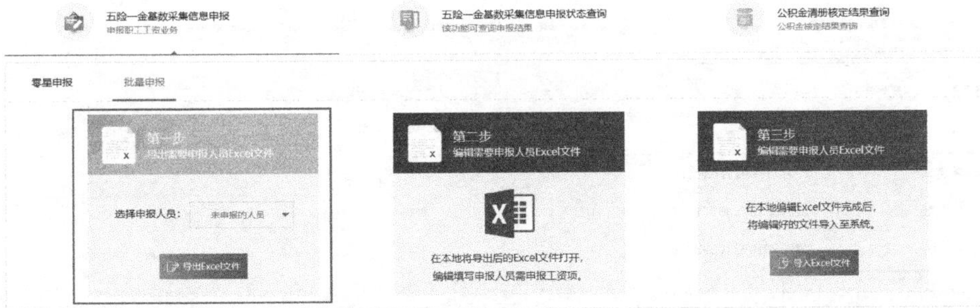

8）打开 Excel 文件，在【网上申报职工上年月均工资】一栏录入工资，单次操作最多同时导入 5000 人的信息。

	A	B	C	D	E	F
1	身份证号	姓名	网上申报职工上年月均工资	已申报的职工上年月均工资（三险）	已申报的职工上年月均工资（医疗）	部门名称
2	110111199111021214	崔建秋	5000			
3	110105197506171517	徐天浩	8400			
4	110229199110292029	角一然	12000			
5						

9）单击【导入 Excel 文件】。

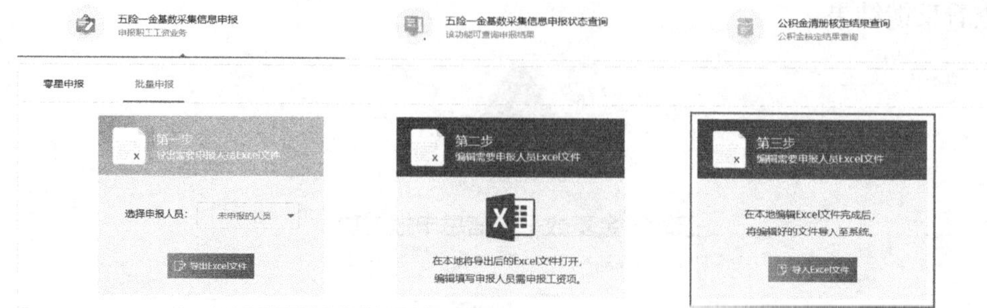

10）查看导入数据情况。

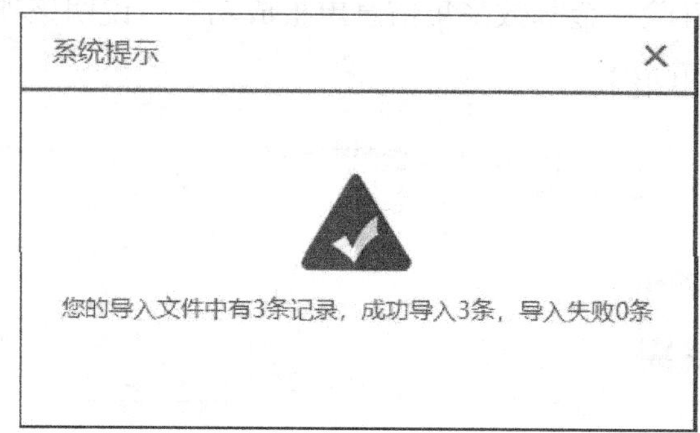

11）输入单位与个人缴存比例，单击【提交】按钮。

※ 本任务中单位与个人缴存比例应输入“12%”。

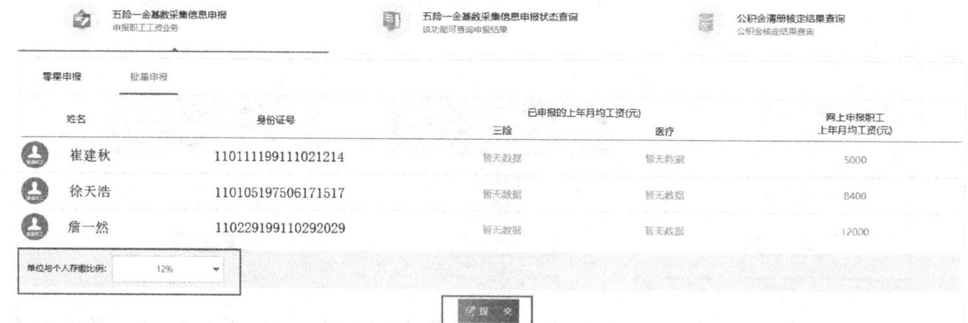

12）查看反馈结果。

五险一金基数采集信息申报成功

办理时间：2020-09-10 16:12:32　交易流水号：2020091010209004

返回首页　继续办理

※ 本任务中提示“五险一金基数采集信息申报成功”，说明该项业务办理成功。

（2）五险一金基数采集信息申报状态查询

该功能用于查找历史申报交易，查看申报交易状态。

1）单击【立即查询】按钮。

2）选择【时间】和【状态】。

五险一金基数采集信息申报 申报职工工资业务 | 五险一金基数采集信息申报状态查询 该功能可查询申报结果 | 公积金清册核定结果查询 公积金核定结果查询

时间：2020-09-10 - 2020-09-10 今天

状态：全部 未提交 处理中 处理完成

网上申报流水号	办理状态	申报业务类型	业务状态	申报时间	操作
2020091010209000	处理结束	五险一金基数采集信息申报	导入成功	2020-09-10	查看详情 处理结果

※ 本任务中结果展示的业务状态为“导入成功”，表明五险一金基数采集信息申报业务办理成功。

【业务状态】情况说明如下。

导入成功：五险一金基数采集信息申报成功。

部分导入成功：部分人员的五险一金基数采集信息申报成功，失败人员明细及原因可通过【查看详情】查看。

导入失败：五险一金基数采集信息申报失败。

（3）公积金清册核定结果查询

该功能用于查看公积金清册核定结果。

1）单击【立即查询】按钮。

2）查看结果。

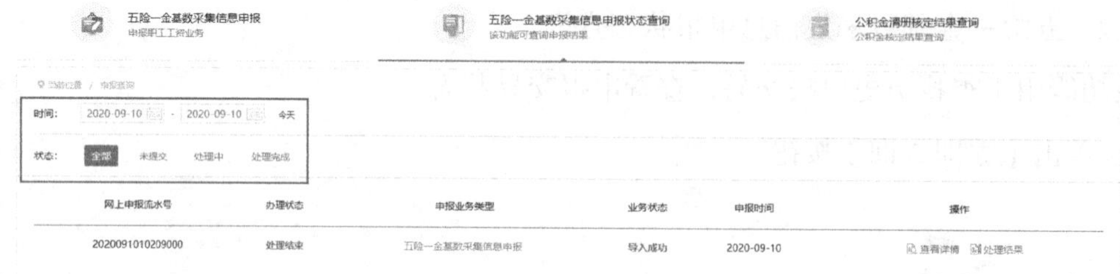

【办理状态】情况说明如下。

审核成功：公积金清册核定成功。

审核失败：公积金清册核定失败。

4. 操作重点

1）申报反馈页面提示“五险一金基数采集信息申报成功”，说明该项业务办理成功。

五险一金基数采集信息申报成功

办理时间：2020-09-10 16:12:32　交易流水号：2020091010209004

返回首页　继续办理

2）业务期内可多次重复提交申请，以最后一次成功申报的信息为最终申报结果。

3）批量业务申报单次操作最多同时提交 5000 人的信息。

习题

1. 在填写职工上年月均工资时，下列哪一项是正确的？

A.3494　B.8852.00　C.0

答：【　】

解析：职工上年月均工资只能录入整数数字。

2. 单次批量业务申报最多可以同时提交多少人的信息？

A.100　B.1000　C.5000　D.10000

答：【　】

解析：单次批量业务申报最多可以同时提交5000人的信息。

3. 五险一金基数采集信息申报业务是否可以针对同一人多次提交？每次申报的工资不一致以哪一次申报的信息为最终申报结果？

A. 不可多次提交

B. 可以多次提交，申报工资以最后一次成功申报的数额为最终申报结果

C. 可以多次提交，申报工资以最高申报数额为最终申报结果

D. 可以多次提交，申报工资以申报数额总和为最终申报结果

答：【　　】

解析：无。

学习领域（二）城镇职工用户

学习任务　参保人申报变更个人信息

参保人申报变更个人信息

一、任务描述

城镇职工紫寓因家庭住址变更，现通过参保人申报变更个人信息功能将居住地（联系）地址变更为北京市西城区德胜街道1号院。

二、业务流程

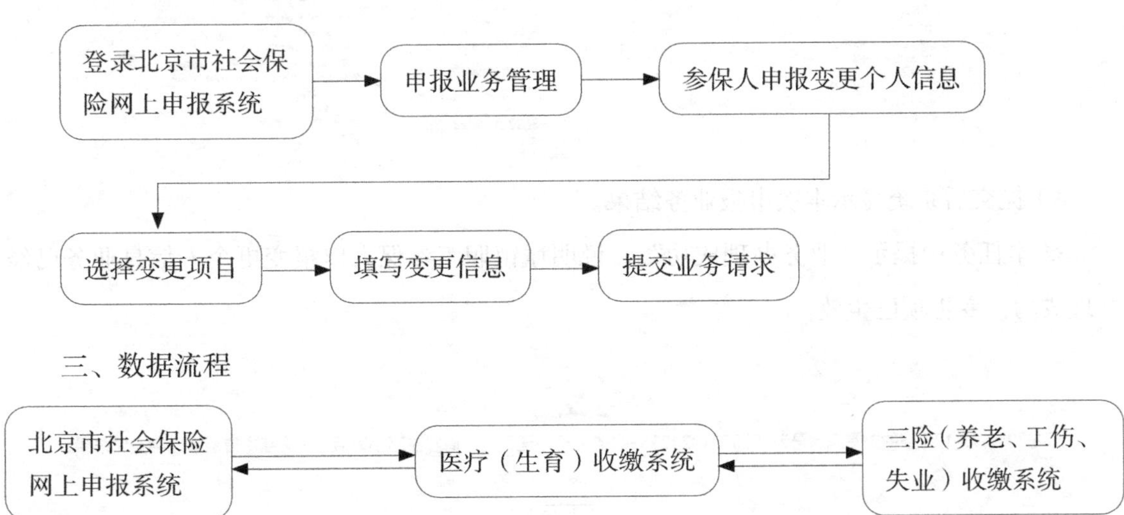

三、数据流程

四、业务操作

1. 功能简介

参保人申报变更个人信息功能用于城镇职工个人修改本人个人基本信息。

2. 业务办理时间

每月 4 日至 25 日，每日早 6：00 至晚 10：00。

3. 操作流程

（1）参保人申报变更个人信息

1）单击【申报业务管理】。

2）选择【参保人申报变更个人信息】。

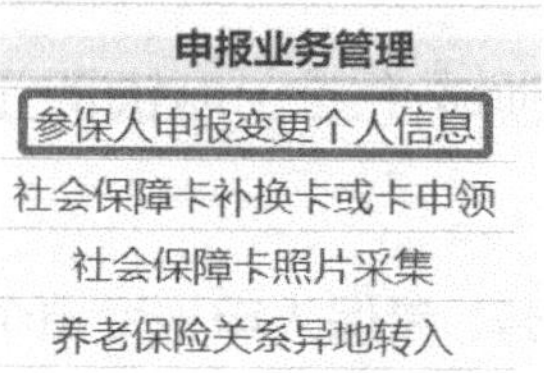

3）选择变更项目，输入变更内容，单击【提交】按钮。

※ 本任务中变更项目选择居住地（联系）地址，变更内容为“北京市西城区德胜街道1 号院”。

▶ 申报业务 〉 参保人申报变更个人信息

选择	变更项目	当前内容	变更内容	帮助
✔	居住地（联系）地址	北京东城区安外大街	北京市西城区德胜街道1号院	参保人的居住地(联系)地址（至少六个汉字）
	居住地（联系）邮政编码	100011		居住地（联系）邮政编码（6位数字，后5位不能全为0）
	户口所在地地址	北京市东城区畅内南小街		户口所在地地址（至少六个汉字）
	户口所在地邮政编码	100013		户口所在地邮编（6位数字，后5位不能全为0）
	获取对账单方式	网上查询	--请选择获取对账单方式--	获取对账单方式
	邮寄社会保险对账单省份	--	--请选择对账单省份--	参保人邮寄社会保险对账单省份
	对账单地址邮政编码	100176		对账单地址邮政编码(6位数字，后5位不能全为0)。
	电子邮件地址	--		请输入有效的邮件地址，如 username@example.com
	出生地	--		参保人出生地址
	婚姻状况	--	--请选择婚姻状况--	参保人婚姻状况
	户口所在区县街乡	--	配置户口所在区县街乡 清除	选择参保人户口所在区县街乡

提 交

4）提交后系统显示本次申报业务结果。

※ 本任务中提示“业务办理成功”，说明城镇职工参保人申报变更个人信息业务已经办理成功，变更项已生效。

您在2020-09-12申报的交易流水号为2020091224895341的业务办理成功，请您在24小时后在个人基本信息查询中查看结果！

返 回

（2）申报信息状态查询

该功能用于查找历史申报交易，查看申报交易状态。

1）单击【查询管理】。

2）选择【申报信息状态查询】。

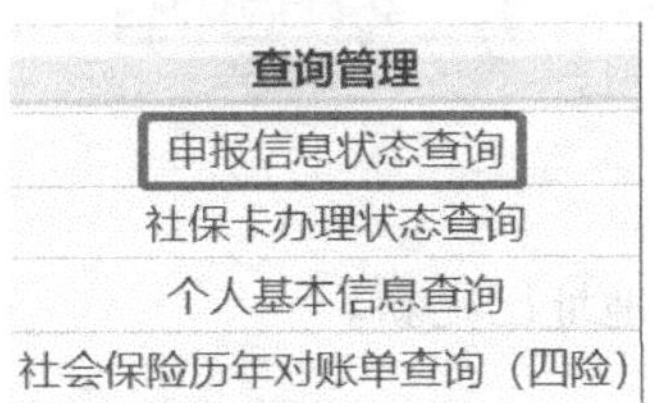

3）输入查询条件，单击【查询】按钮。

※ 本任务中申报流水号应输入“2020091224895341”。

4）查看结果。

※ 本任务中结果展示的参保人申报变更个人信息业务的反馈状态为“导入成功”。

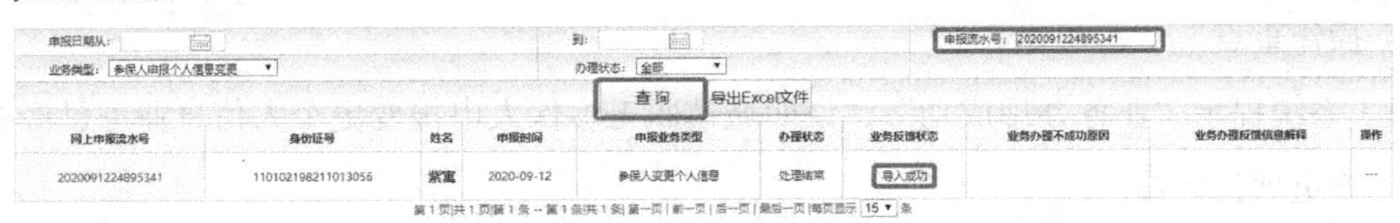

【业务反馈状态】情况说明如下。

导入成功：参保人申报变更个人信息申报成功。

导入失败：参保人申报变更个人信息申报失败。

（3）个人基本信息查询

该功能用于城镇职工查看本人个人基本信息情况。

1）单击【查询管理】。

2）选择【个人基本信息查询】。

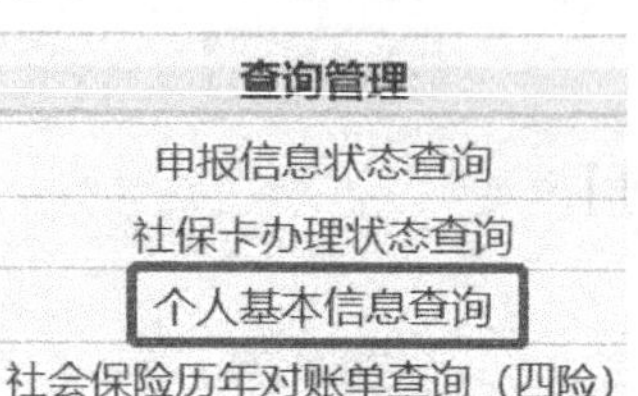

3）查看结果。

※ 本任务中居住地（联系）地址已更新。

▶ 查询管理 ） 个人基本信息查询

单位名称：中国奔驰汽车贸易股份有限公司　统一社会信用代码（组织机构代码）：91110000100023205F　社会保险登记号：91110000100023205F　所属区县：朝阳区　医保手册号：　所属区县：
108947108005

*参加险种	[养老缴费（正常)缴费] [失业缴费（正常)缴费] [工伤缴费（正常)缴费] [生育缴费（正常)缴费] [医保缴费（正常)缴费]		暂无照片
*姓 名	紫寓	*公民身份号码 (社会保障号码)	11022419891118091X
*性 别	男	*出生日期	19830217
*民 族	回族	*国家/地区	中国
*个人身份	无(四险)工人(医保)	*参加工作日期	20080301(四险)20080701(医保)
户口所在区县街乡		*户口性质	城镇（非农业户口）
*户口所在地地址	北京市东城区朝内南小街	*户口所在地邮政编码	100013
*居住地(联系)地址	北京市西城区德胜街道1号院	*居住地（联系）邮政编码	100011
选择邮寄社会保险对账单地址	北京经济技术开发区博兴路8号	对账单邮政编码	100176
*获取对账单方式	网上查询　电子邮件地址	*文化程度	大专(四险)大学(医保)
*参保人电话	参保人手机	*申报月均工资收入（元）	19015(四险)15019(医保)
*证件类型		*证件号码	
*委托代发银行名称	北京银行（只限本市）(医保)	*委托代发银行账号	
*缴费人员类别	本市城镇职工	*医疗参保人员类别	在职职工
离退休类别		离退休日期	
定点医疗机构1	和平里医院	定点医疗机构2	北京中医医院
定点医疗机构3	安贞医院	定点医疗机构4	地坛医院
定点医疗机构5		*是否患有特殊病	无特殊病
外籍人员信息			
护照号码		外国人居留证号码	
外国人证件类型		外国人证件号码	

4. 操作重点

1）系统提示“业务办理成功”，说明城镇职工参保人申报变更个人信息业务已经办理成功，变更项已生效。

返 回

2）一次提交可同时勾选多个变更项目，同时提交。

选择	变更项目	当前内容	变更内容	帮助
✔	居住地（联系）地址	北京东城区安外大街	北京市西城区德胜街道1号院	参保人的居住地(联系)地址（至少六个汉字）
✔	居住地（联系）邮政编码	100011	100013	居住地（联系）邮政编码（6位数字，后5位不能全为0）

3）提交成功 1 小时后可在【个人基本信息查询】中查询变更内容。

习题

1.（多选）下列哪些信息可以通过参保人申报变更个人信息功能变更？

A. 户口所在地地址　　B. 出生地

C. 婚姻状况　　D. 居住地（联系）地址

答：【　　】

解析：无。

2. 多项信息可否同时变更？

A. 可以　　B. 不可以

答：【　　】

解析：无。

学习领域（三）城乡居民用户

学习任务 定点医疗机构变更

定点医疗机构变更

一、任务场景

城乡居民胡立红要变更自己的定点医疗机构，现通过定点医疗机构变更功能将定点医疗机构由“三零七医院”变更为“首都医科大学附属北京朝阳医院”。

二、业务流程

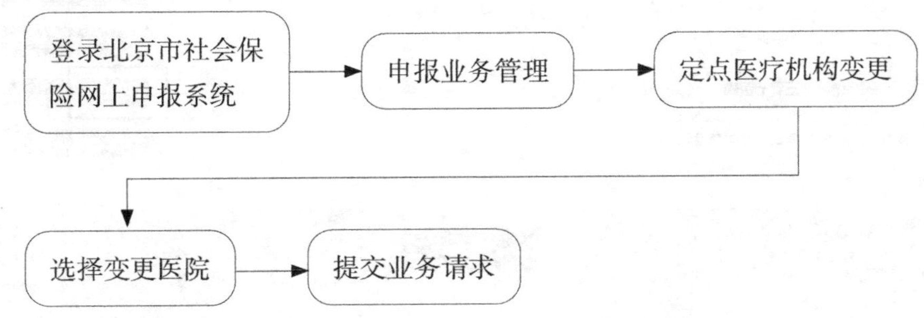

三、数据流程

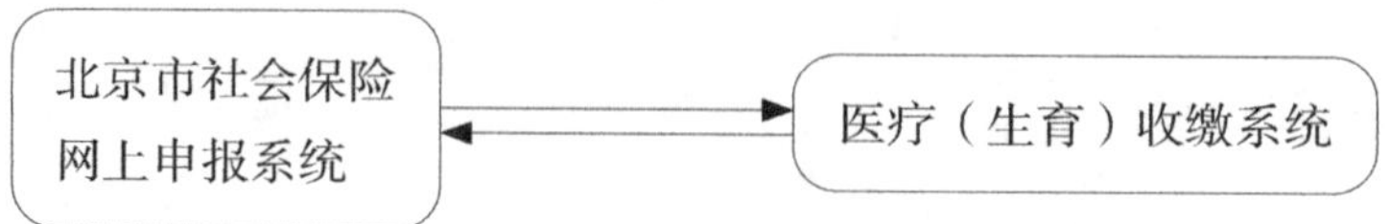

四、业务操作

1. 功能简介

定点医疗机构变更功能用于城乡居民（医疗）个人修改本人的个人基本信息。

2. 业务办理时间

每月 4 日至月底最后 1 天，每日早 6：00 至晚 10：00。

3. 操作流程

（1）定点医疗机构变更

1）单击【申报业务管理】。

2）选择【定点医疗机构变更】。

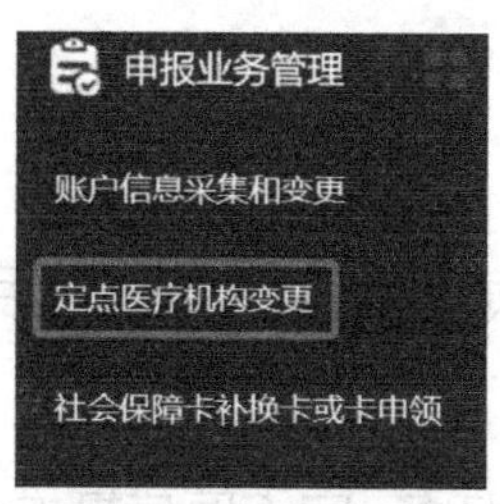

3）选择要变更的个人定点医疗机构，单击【修改】按钮。

※ 本任务中应选择“三零七医院”。

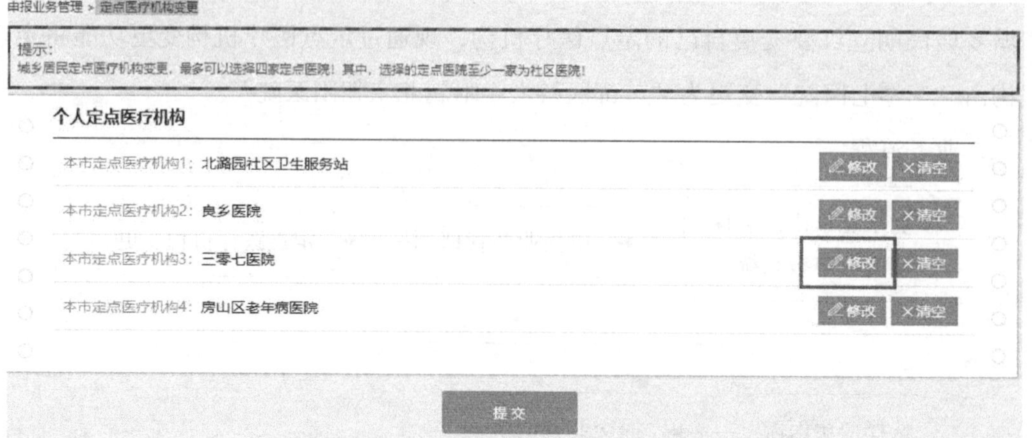

4）输入定点医疗机构名称或医院编码，单击【查询医疗机构】按钮。

【查询医疗机构】支持医院名称模糊查询或医院编码精确查询。

※ 本任务中可输入“朝阳医院”。

5）根据查询结果选择定点医院。

※ 本任务中应选择“首都医科大学附属北京朝阳医院”。

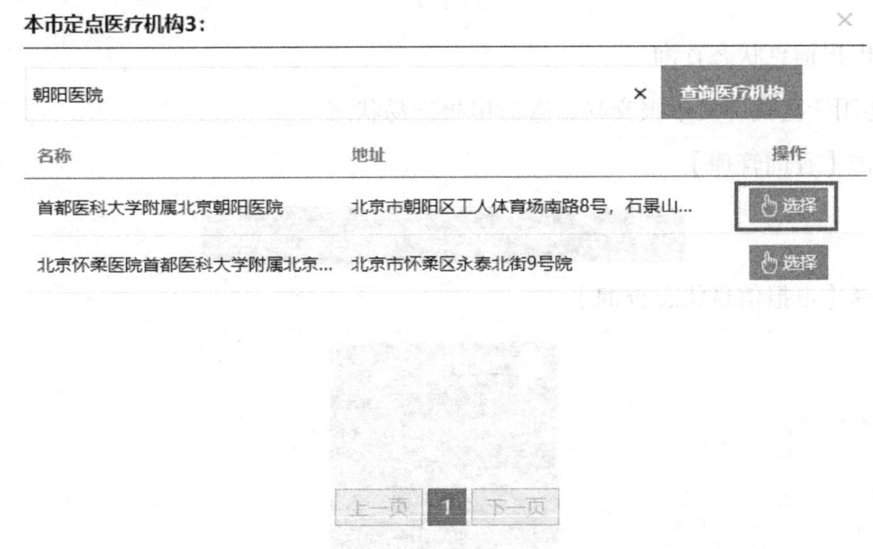

6）继续选择变更其他定点医疗机构，修改完毕后，单击【提交】按钮。

申报业务管理 > 定点医疗机构变更

提示：
城乡居民定点医疗机构变更，最多可以选择四家定点医院！其中，选择的定点医院至少一家为社区医院！

个人定点医疗机构

本市定点医疗机构1：北潞园社区卫生服务站 修改 清空
本市定点医疗机构2：良乡医院 修改 清空
本市定点医疗机构3：首都医科大学附属北京朝阳医院 修改 清空
本市定点医疗机构4：房山区老年病医院 修改 清空

提交

7）提交后系统显示本次申报业务结果。

※ 本任务中提示“业务办理成功”，说明定点医疗机构变更操作已经成功，城乡居民杨宸豪可于次日前往选定医院就医。

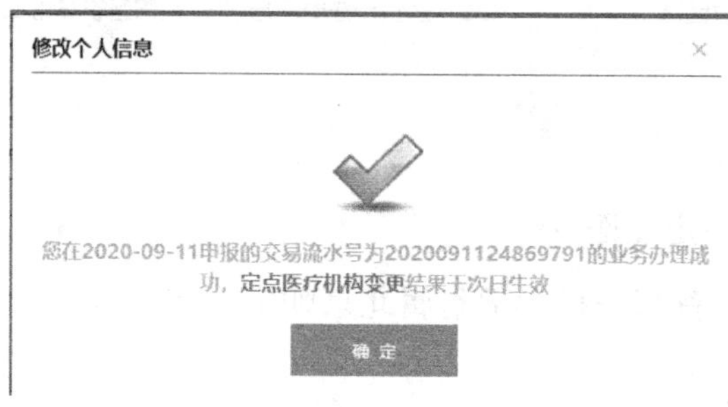

（2）申报信息状态查询

该功能用于查找历史申报交易，查看申报交易状态。

1）单击【查询管理】。

2）选择【申报信息状态查询】。

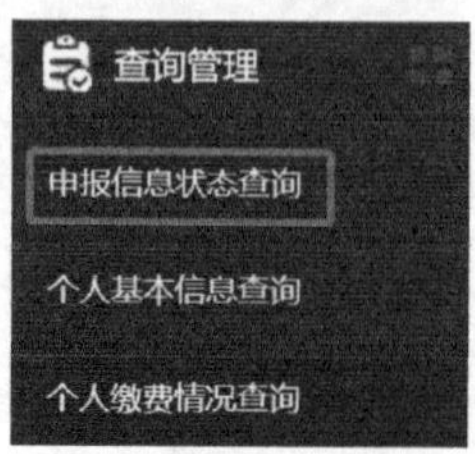

3）输入查询条件，单击【查询】按钮。

※ 本任务中申报流水号应输入“2020091124869791”，业务类型选择“定点医疗机构变更”。

查询管理 > 申报信息状态查询

申报日期： 到 申报流水号：

业务类型：定点医疗机构变更 办理状态：全部

查询

申报业务类型	办理状态	险种	业务反馈状态	业务办理不成功原因	业务办理反馈信息解释	操作

Excel下载

4）查看结果。

※ 本任务中结果展示的定点医疗机构变更业务的反馈状态为“导入成功”。

查询管理 > 申报信息状态查询

申报日期： 到 申报流水号：2020091124869791

业务类型：定点医疗机构变更 办理状态：全部

查询

申报业务类型	办理状态	险种	业务反馈状态	业务办理不成功原因	业务办理反馈信息解释	操作
2020-09-11 网上申报流水号：2020091124869791 姓名：胡立红 身份证号：110226197403202822						
定点医疗机构变更	已处理-成功	医疗	导入成功			处理结果

Excel下载

第 1 页|共 1 页|第 1 条 -- 第 1 条|共 1 条| 第一页 | 前一页 | 后一页 | 最后一页 |每页显示 15 条

【业务反馈状态】情况说明如下。

导入成功：定点医疗机构变更申报成功。

导入失败：定点医疗机构变更申报失败。

（3）个人基本信息查询

该功能用于查看城乡居民本人个人基本信息情况。

1）单击【查询管理】。

2）选择【个人基本信息查询】。

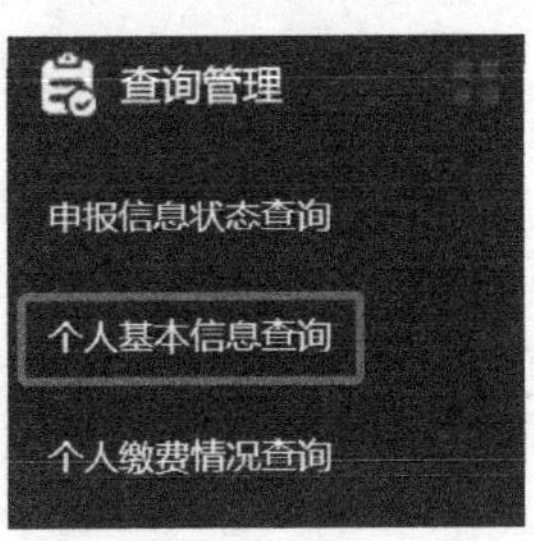

3）查看结果。

※ 本任务中定点医疗机构已变更为“朝阳医院”。

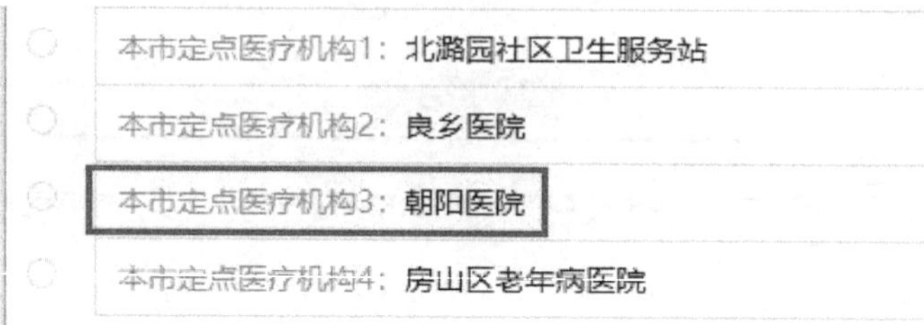

4. 操作重点

1）系统提示“业务办理成功”，说明城乡居民定点医疗机构变更业务已经办理成功；定点医疗机构变更成功后次日生效，参保人可于次日前往选定定点医院就医。

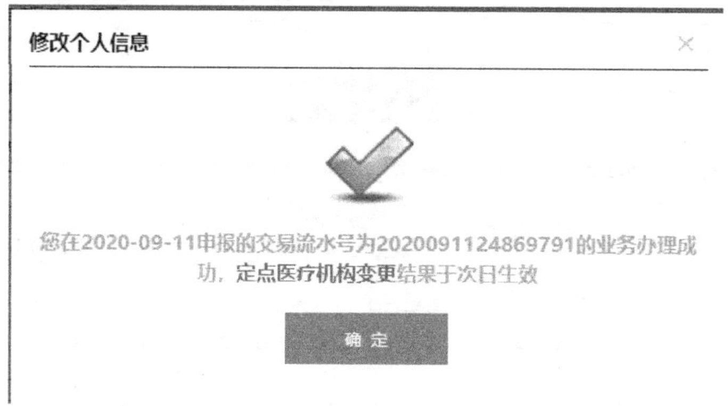

2）【查询医疗机构】支持医院名称模糊查询或医院编码精确查询。

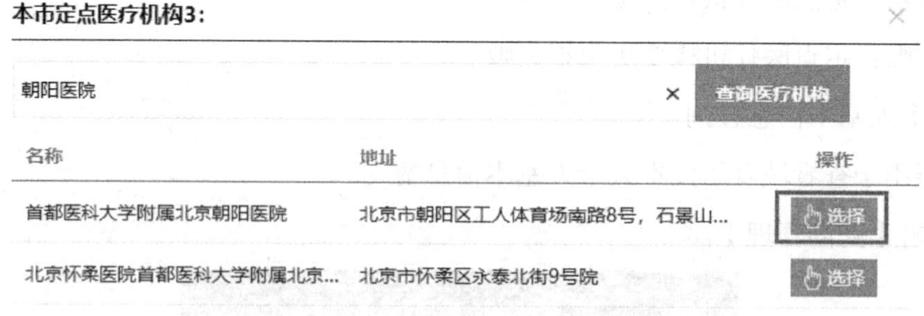

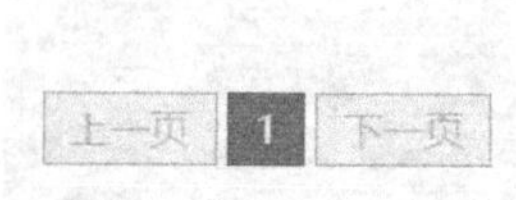

3）城乡居民定点医疗机构变更申请每日可多次提交，以最后一次提交成功的定点医院为最终结果。

4）提交成功后次日可在【个人基本信息查询】中查询变更内容。

习题

定点医疗机构变更业务申报系统提示“业务办理成功”，何时可以前往变更后的定点医院就医？

A. 变更当日　　B. 变更次日　　C. 变更次月

答：【　　】

解析：定点医疗机构变更反馈“业务办理成功”后将于次日生效。

学习情景二 征缴业务经办

学习领域 普通单位用户

学习任务 1 单位月报补缴

单位月报补缴

一、任务描述

参保单位北京格瑞新元商贸有限公司于 2019 年 7 月至 8 月出现社保欠费情况，现通过单位月报补缴功能进行月报补缴申报。

二、业务流程

登录北京市社会保险网上申报系统 → 申报业务管理 → 单位月报补缴 → 选择补缴时间段 → 选择补缴月份 → 提交业务请求

三、数据流程

北京市社会保险网上申报系统 ⇄ 三险（养老、工伤、失业）收缴系统 ⇄ 银行

三险（养老、工伤、失业）收缴系统 ⇄ 医疗（生育）收缴系统 → 财务系统

四、业务操作

1. 功能简介

单位月报补缴功能用于参保单位补缴本单位月报。缴费途径为“银行缴费”的参保单

位可以使用此项功能。

2. 业务办理时间

每月 4 日至月底倒数第 2 天，每日早 6：00 至晚 10：00。

3. 操作流程

（1）单位月报补缴

1）登录北京市社会保险网上申报系统后，单击【申报业务管理】。

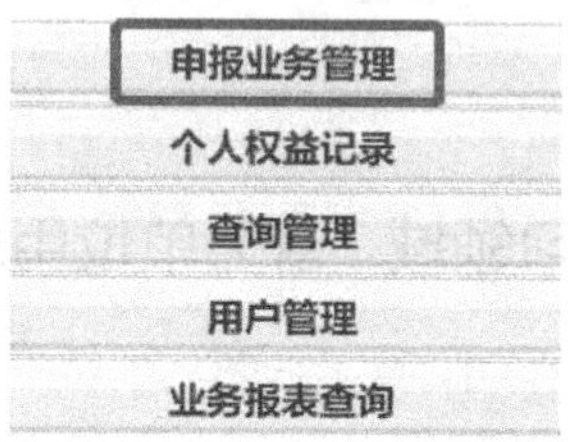

2）选择【单位月报补缴】。

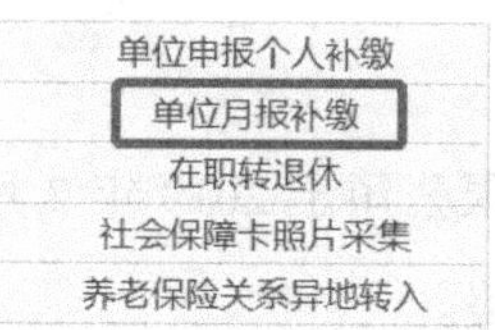

3）选择补缴时间段和补缴时间，单击【查询】按钮，【补缴时间段】可选择“2011 年 7 月至 2019 年 11 月”和“2019 年 12 月至当前月”。时间段不同补缴规则略有不同，选择“2011 年 7 月至 2019 年 11 月”，必须从最早补缴月份连续补缴，不能跨月；选择“2019 年 12 月至当前月”，可以单独补缴个别险种，可跨月补缴。

※ 本任务中补缴时间段应选择“2011 年 7 月至 2019 年 11 月”，补缴时间选择“2019 年 7 月至 8 月”。

▶ 申报业务 〉单位月报补缴

提示：
（1）月报补缴申报成功后，系统将对此笔业务锁定，且当日不可以通过社保经办机构办理。
（2）网上申报不可以申报2011年7月以前月份的月报补缴，如需补缴请通过社保经办机构办理。
（3）单位申报月报补缴业务网上申报日期为每月5日-每月月末倒数第二日，办理时间为每日6:00-17：00时。

社会保险登记号：91110101701546782F　单位名称：
补缴时间段：2011年7月至2019年11月　选择时间：2019-07 到 2019-08
查询 重置

4）勾选待补缴月份，单击【月报补缴申报确认】按钮。

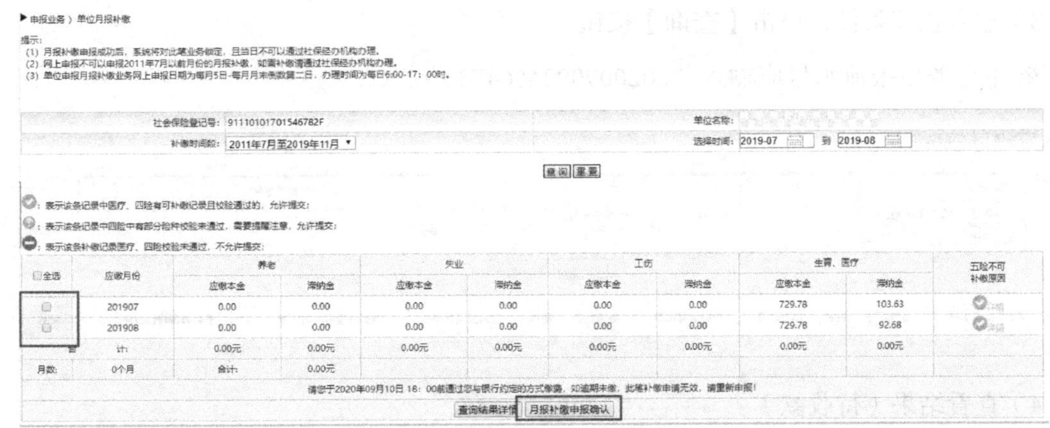

全选	应缴月份	养老		失业		工伤		生育、医疗		五险不可补缴原因
		应缴本金	滞纳金	应缴本金	滞纳金	应缴本金	滞纳金	应缴本金	滞纳金	
	201907	0.00	0.00	0.00	0.00	0.00	0.00	729.78	103.63	
	201908	0.00	0.00	0.00	0.00	0.00	0.00	729.78	92.68	
	计：	0.00元	0.00元	0.00元	0.00元	0.00元	0.00元	0.00元	0.00元	
月数：	0个月	合计：	0.00元							

5）查看反馈结果。

※本任务中提示“业务操作成功”，说明单位月报补缴业务网上申报系统操作已经成功，次日可查看到账情况。

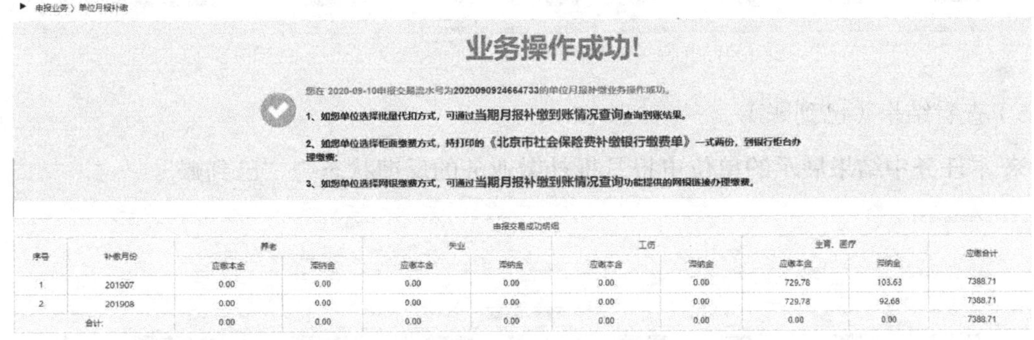

申报交易成功明细

序号	补缴月份	养老		失业		工伤		生育、医疗		应缴合计
		应缴本金	滞纳金	应缴本金	滞纳金	应缴本金	滞纳金	应缴本金	滞纳金	
1	201907	0.00	0.00	0.00	0.00	0.00	0.00	729.78	103.63	7388.71
2	201908	0.00	0.00	0.00	0.00	0.00	0.00	729.78	92.68	7388.71
	合计：	0.00	0.00	0.00	0.00	0.00	0.00	0.00	0.00	7388.71

（2）申报信息状态查询

该功能用于查找历史申报交易，查看申报交易状态。

1）单击【查询管理】。

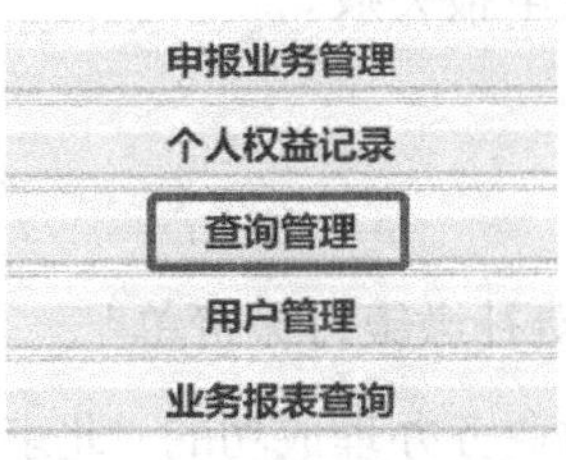

2）选择【申报信息状态查询】。

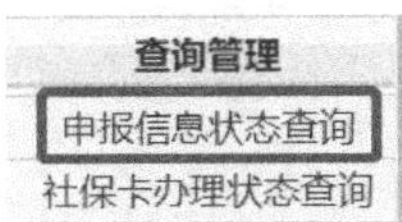

3）输入查询条件，单击【查询】按钮。

※ 本任务申报流水号应输入“2020090924664733”。

▶查询管理 〉申报信息状态查询

申报日期从： 到： 申报流水号：

业务类型：请选择申报业务名称 身份证号： 姓名：

办理状态：全部

查询 导出Excel文件

网上申报流水号	身份证号	姓名	申报时间	申报业务类型	办理状态	险种	业务反馈状态	业务办理不成功原因	业务办理反馈信息解释	操作

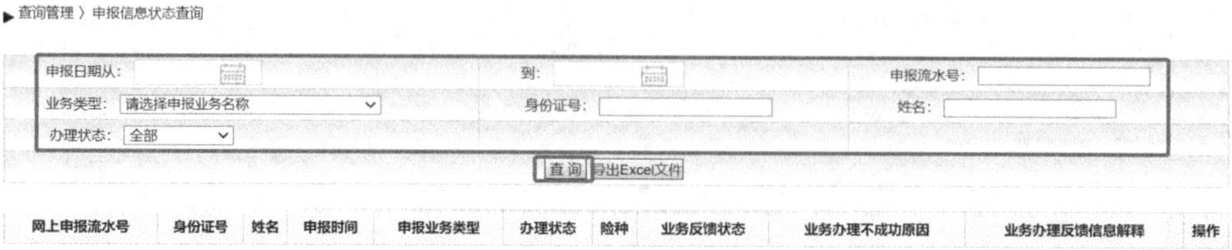

4）查看结果（待收款）。

※ 本任务中结果展示的单位申报月报补缴业务的反馈状态为“审核成功”。

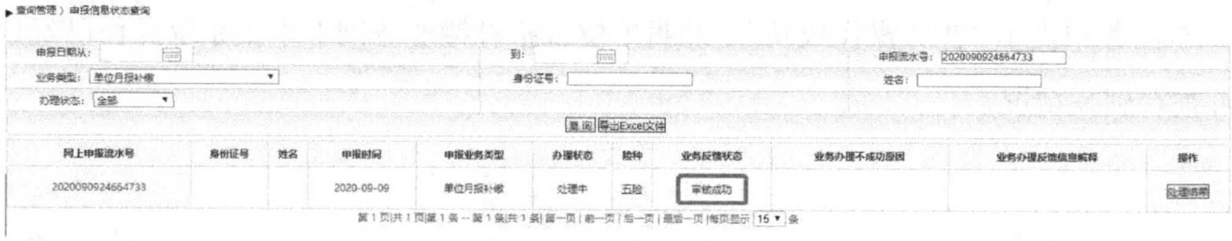

▶查询管理 〉申报信息状态查询

申报日期从： 到： 申报流水号：2020090924664733

业务类型：单位月报补缴 身份证号： 姓名：

办理状态：全部

查询 导出Excel文件

网上申报流水号	身份证号	姓名	申报时间	申报业务类型	办理状态	险种	业务反馈状态	业务办理不成功原因	业务办理反馈信息解释	操作
2020090924664733			2020-09-09	单位月报补缴	处理中	五险	审核成功			处理信息

第1页|共1页|第1条--第1条|共1条|首一页|前一页|后一页|最后一页|每页显示 15 条

5）查看结果（已到账）。

※ 本任务中结果展示的单位申报月报补缴业务的反馈状态为“已到账”。

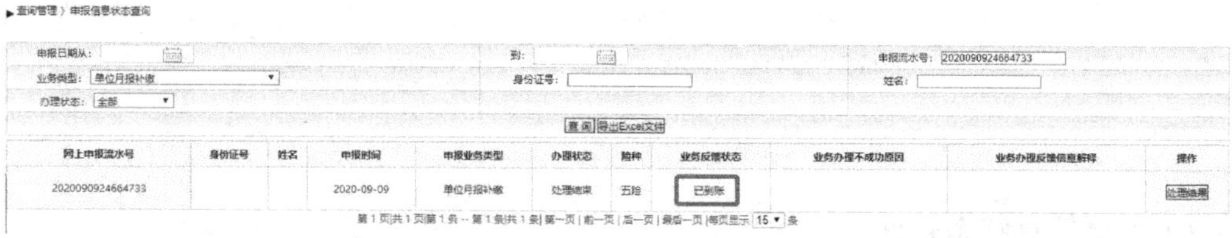

▶查询管理 〉申报信息状态查询

申报日期从： 到： 申报流水号：2020090924664733

业务类型：单位月报补缴 身份证号： 姓名：

办理状态：全部

查询 导出Excel文件

网上申报流水号	身份证号	姓名	申报时间	申报业务类型	办理状态	险种	业务反馈状态	业务办理不成功原因	业务办理反馈信息解释	操作
2020090924664733			2020-09-09	单位月报补缴	处理结束	五险	已到账			处理信息

第1页|共1页|第1条--第1条|共1条|首一页|前一页|后一页|最后一页|每页显示 15 条

【业务反馈状态】情况说明如下。

审核成功：单位申报月报补缴申报成功，等待银行收款。

审核失败：单位申报月报补缴申报失败。

已到账：银行收款成功。

未到账：银行收款失败。

（3）打印“北京市社会保险费补缴银行缴费单”

该功能用于打印单位月报补缴业务办理成功的“北京市社会保险费补缴银行缴费单”。

1）单击【业务报表查询】。

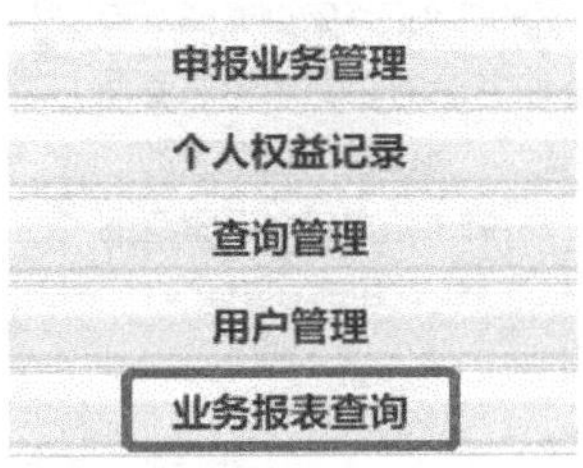

2）选择【北京市社会保险费补缴银行缴费单】。

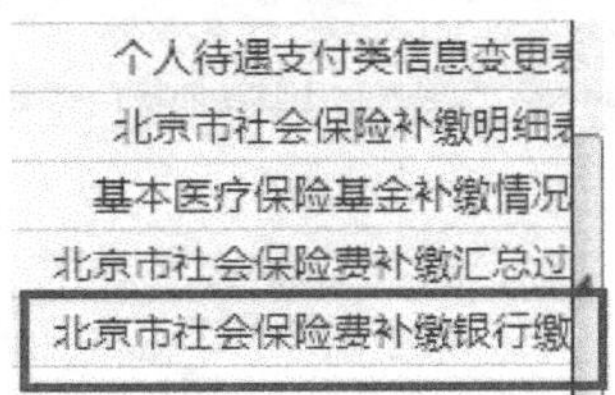

3）输入申报流水号，单击【查询】按钮。

※本任务中申报流水号应输入“2020090924664733”。

4）查看结果，下载并打印。

（4）当期月报补缴到账情况查询

该功能用于查询单位月报补缴到账情况及明细。

1）单击【查询管理】。

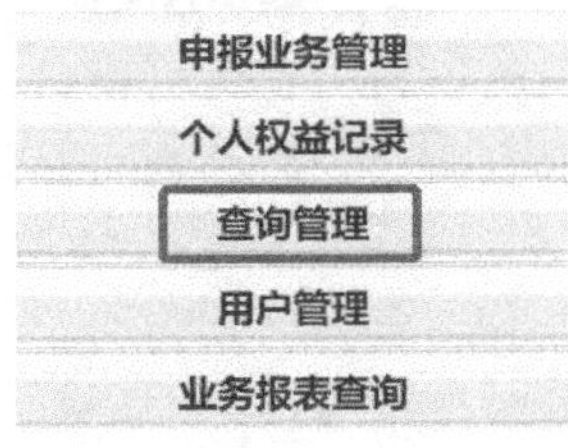

2）选择【当期月报补缴到账情况查询】。

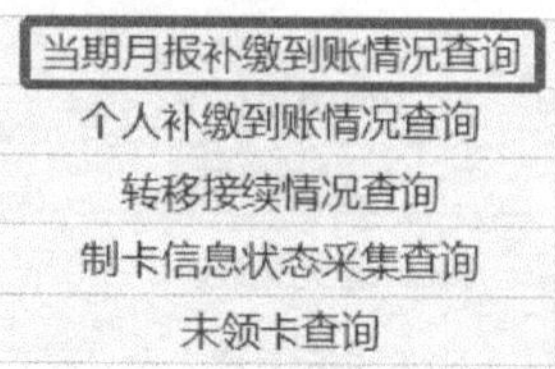

3）查看结果（待收款）。

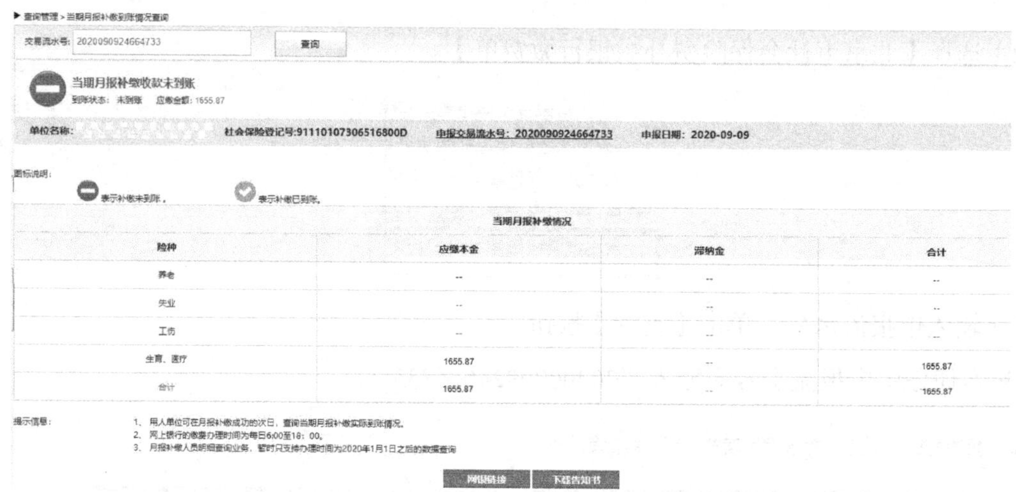

▶ 查询管理 > 当期月报补缴到账情况查询

交易流水号：2020090924664733 查询

当期月报补缴收款未到账

到账状态：未到账 应缴金额：1655.87

单位名称： 社会保险登记号:91110107306516800D 申报交易流水号：2020090924664733 申报日期：2020-09-09

图标说明：表示补缴未到账。表示补缴已到账。

当期月报补缴情况

险种	应缴本金	滞纳金	合计
养老	--	--	--
失业	--	--	--
工伤	--	--	--
生育、医疗	1655.87	--	1655.87
合计	1655.87	--	1655.87

提示信息：
1、用人单位可在月报补缴成功的次日，查询当期月报补缴实际到账情况。
2、网上银行的缴费办理时间为每日6:00至18：00。
3、月报补缴人员明细查询业务，暂时只支持办理时间为2020年1月1日之后的数据查询

网银链接 下载告知书

4）查看结果（已到账）。

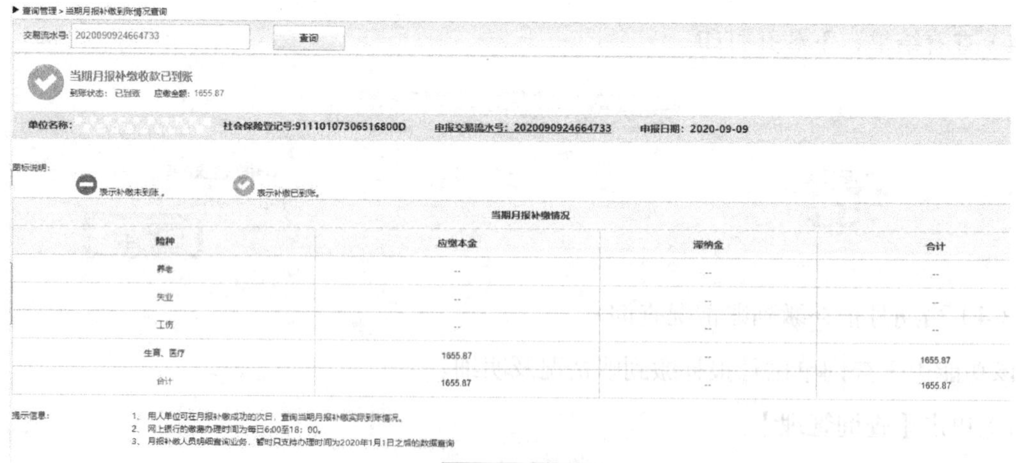

▶ 查询管理 > 当期月报补缴到账情况查询

交易流水号：2020090924664733 查询

当期月报补缴收款已到账

到账状态：已到账 应缴金额：1655.87

单位名称： 社会保险登记号:91110107306516800D 申报交易流水号：2020090924664733 申报日期：2020-09-09

图标说明：表示补缴未到账。表示补缴已到账。

当期月报补缴情况

险种	应缴本金	滞纳金	合计
养老	--	--	--
失业	--	--	--
工伤	--	--	--
生育、医疗	1655.87	--	1655.87
合计	1655.87	--	1655.87

提示信息：
1、用人单位可在月报补缴成功的次日，查询当期月报补缴实际到账情况。
2、网上银行的缴费办理时间为每日6:00至18：00。
3、月报补缴人员明细查询业务，暂时只支持办理时间为2020年1月1日之后的数据查询

网银链接 下载告知书

4. 操作重点

1）申报反馈页面提示“业务操作成功”，说明单位月报补缴业务网上申报系统操作已经成功，次日可查看到账情况。

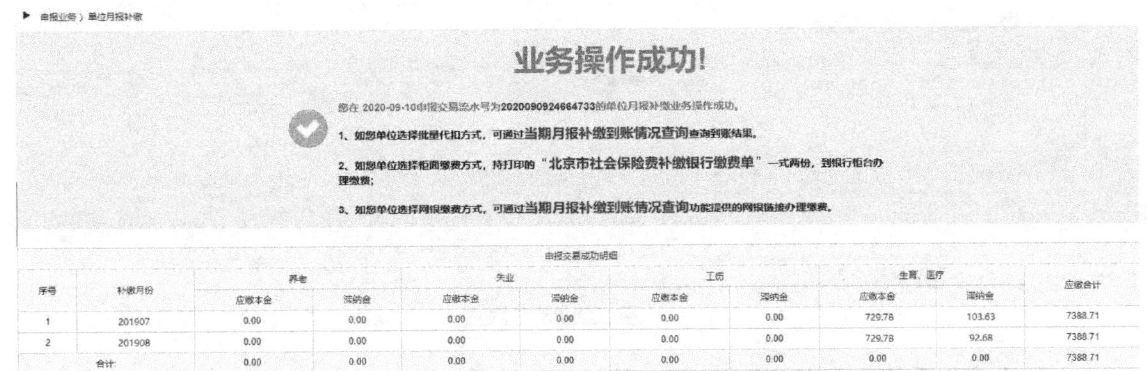
▶ 申报业务 ）单位月报补缴

业务操作成功!

您在 2020-09-10申报交易流水号为2020090924664733的单位月报补缴业务操作成功。

1、如您单位选择批量代扣方式，可通过当期月报补缴到账情况查询查询到账结果。

2、如您单位选择柜面缴费方式，持打印的“北京市社会保险费补缴银行缴费单”一式两份，到银行柜台办理缴费;

3、如您单位选择网银缴费方式，可通过当期月报补缴到账情况查询功能提供的网银链接办理缴费。

申报交易成功明细

序号	补缴月份	养老		失业		工伤		生育、医疗		应缴合计
		应缴本金	滞纳金	应缴本金	滞纳金	应缴本金	滞纳金	应缴本金	滞纳金	
1	201907	0.00	0.00	0.00	0.00	0.00	0.00	729.78	103.63	7388.71
2	201908	0.00	0.00	0.00	0.00	0.00	0.00	729.78	92.68	7388.71
合计:		0.00	0.00	0.00	0.00	0.00	0.00	0.00	0.00	7388.71

2）每天只能提交一次月报补缴申报，多次提交系统会提示“该单位存在月报补缴未到账记录，不能补缴”。

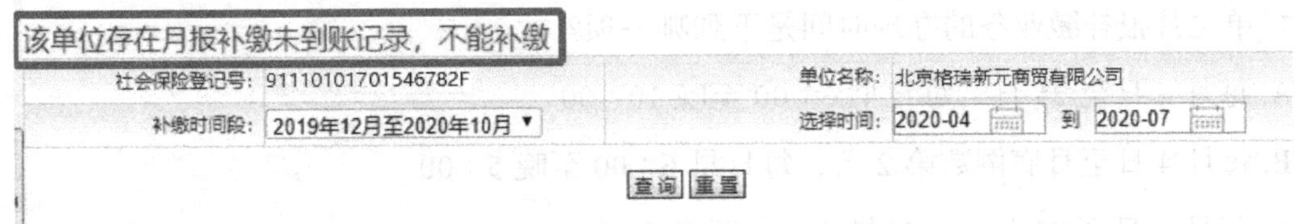

3）补缴时间段不同，补缴规则不同。

【补缴时间段】选择“2011 年 7 月至 2019 年 11 月”时，则必须从最早欠费月补起。

例如，某单位 7 月至 9 月五险欠费，在填写 7 月至 9 月欠费信息时，勾选月份必须从 7 月起依次勾选，不得跳过 7 月只勾选 9 月，但可只勾选 7 月。

【补缴时间段】选择 2019 年 12 月至即当前月时，可任意勾选补缴月份。

4）月报补缴申报成功后次日通过可【当期月报补缴到账情况查询】查看到账情况，“ ”表示补缴已到账，“ ”表示补缴未到账。

▶ 查询管理 > 当期月报补缴到账情况查询

交易流水号：2020090924664733 查询

当期月报补缴收款已到账

到账状态：已到账 应收金额：1655.87

单位名称： 社会保险登记号:91110107306516800D 申报交易流水号：2020090924664733 申报日期：2020-09-09

图标说明：表示补缴未到账。表示补缴已到账。

当期月报补缴情况

险种	应缴本金	滞纳金	合计
养老	--	--	--
失业	--	--	--
工伤	--	--	--
生育、医疗	1655.87	--	1655.87
合计	1655.87	--	1655.87

提示信息：

1. 用人单位可在月报补缴成功的次日，查询当期月报补缴实际到账情况。
2. 网上银行的缴费办理时间为每日6:00至18：00。
3. 月报补缴人员明细查询业务，暂时只支持办理时间为2020年1月1日之后的数据查询

网银链接 下载告知书

5）网上申报系统暂不支持 2011 年 7 月以前的月报补缴。

习题

1. 单位月报补缴业务的办理时间是下列哪一项？

A. 每月 4 日至 25 日，每日早 6：00 至晚 10：00

B. 每月 4 日至月底倒数第 2 天，每日早 6：00 至晚 5：00

C. 每月 4 日至 25 日，每日早 6：00 至晚 5：00

D. 每月 4 日至月底最后 1 天，每日早 6：00 至晚 5：00

答：【　　】

解析：无。

2. 单位月报补缴的最早时间可以选择到下列哪一项？

A. 2000 年 1 月

B. 2011 年 7 月

C. 当前时间前一年

D. 无最早补缴时间

答：【　　】

解析：无。

单位申报个人补缴

学习任务 2 单位申报个人补缴

一、任务场景

在职职工张笛（身份证号 230502199806305421），通过单位进行 2020 年 6 月至 7 月个人补缴，现通过单位申报个人补缴功能进行该参保人个人补缴申报，申报工资为 5000 元。

二、业务流程

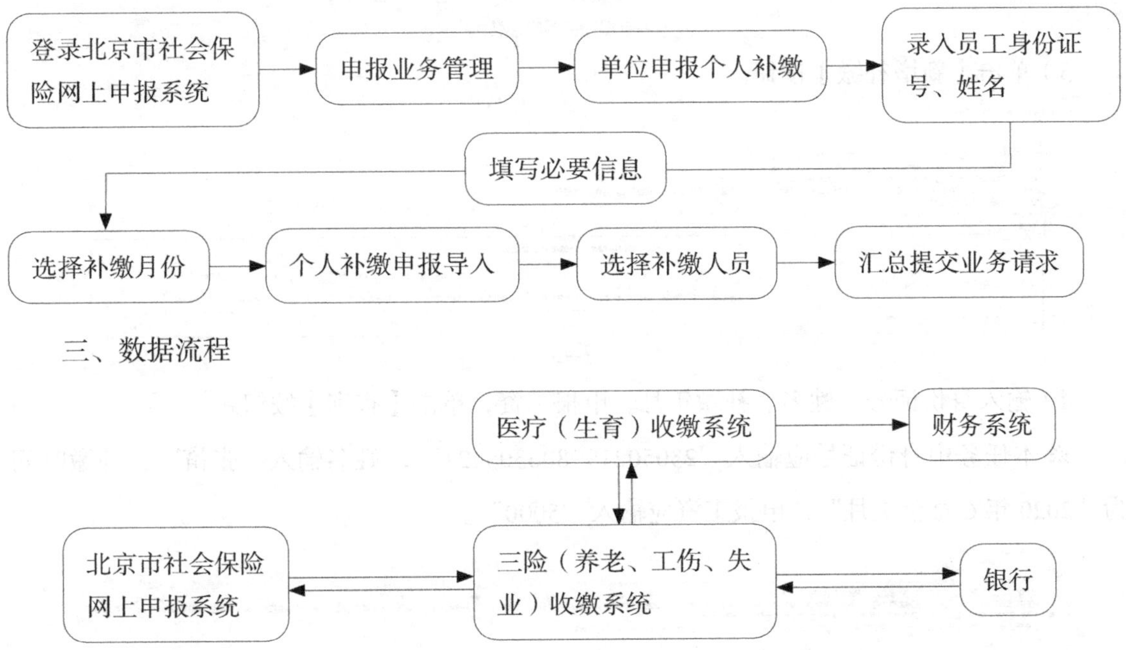

三、数据流程

四、业务操作

1. 功能简介

单位申报个人补缴功能用于参保单位为本单位在职职工办理个人补缴业务。缴费途径为“银行缴费”的参保单位可以使用此项功能。

2. 业务办理时间

每月 4 日至月底倒数第 2 天，每日早 6：00 至晚 5：00。

3. 操作流程

（1）单位申报个人补缴

1）登录北京市社会保险网上申报系统后，单击【申报业务管理】。

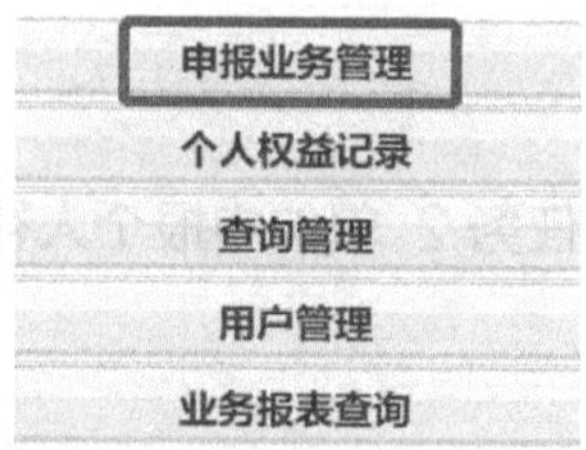

2）选择【单位申报个人补缴】。

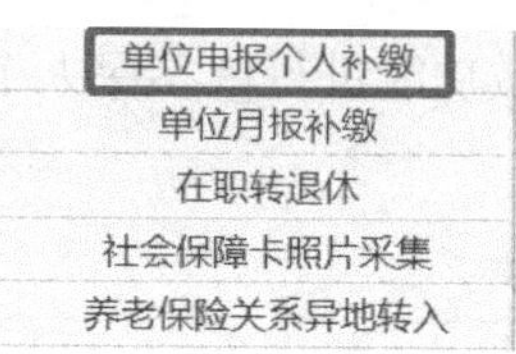

3）单击【新增补缴】按钮。

申报业务 ） 单位申报个人补缴

提示：
第一步，选择【单位申报个人补缴】业务，点击【新增补缴】按钮进入；
第二步，输入公民身份证号码和姓名后，点击【查询】按钮进行查询操作；
第三步，勾选补缴月份后，点击【个人补缴申报导入】按钮进行申报导入操作；
第四步，点击【单位申报个人补缴】业务，勾选个人补缴信息汇总记录，点击【汇总提交】按钮进行汇总提交操作；
第五步，查看业务反馈结果；

新增补缴

单位申报个人补缴信息汇总记录															
选择	申报流水号	姓名	身份证号	补缴月份	养老		失业		工伤		生育、医疗		（五险）应缴合计		合计金额
					应缴本金	滞纳金	应缴本金	滞纳金	应缴本金	滞纳金	应缴本金	滞纳金	应缴本金	滞纳金	
选中0条 总金额0.00元。															

汇总提交

4）输入身份证号、姓名、补缴年月、申报工资，单击【查询】按钮。

※ 本任务中身份证号应输入“230502199806305421”，姓名输入“张笛”，补缴时间为“2020 年 6 月至 7 月”，申报工资应输入“5000”。

申报业务 ） 单位申报个人补缴

提示：
1、 个人补缴申报提交信息请按单人逐一提交。
2、 网上申报目前只提供三个月调转延迟补缴业务，不需要到社保经办机构审核。
3、 三个月延迟补缴定义为因调转延迟到本单位近三个月的个人补缴业务。个人补缴申报成功后，系统将对本单位的本笔个人补缴业务进行锁定，滞纳金不发生变化，且不允许其他途径做其他相关补缴业务。例如某人原来一直在A单位后减员，1、2、3月均未缴费，4月份增员到B单位，即B单位在4月增员日-6月30日可以为其办理缴费月为1、2、3月的补缴。
4、 该申报业务办理时间为每月5日-25日，业务的办理时间为每月5日-每月月末倒数第二日，其他时间需要到社保经办机构办理补缴。

公民身份证号码：230502199806305421 姓名：张笛 补缴年月：2020-06 至 2020-07 申报工资：5000 查询

5）勾选补缴月份，单击【个人补缴申报导入】按钮。

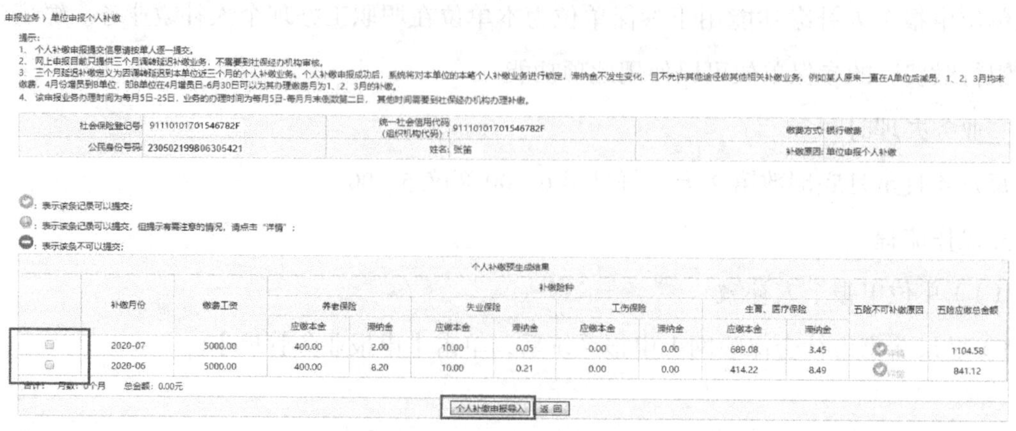
申报业务 ） 单位申报个人补缴

提示：
1、 个人补缴申报提交信息请按单人逐一提交。
2、 网上申报目前只提供三个月调转延迟补缴业务，不需要到社保经办机构审核。
3、 三个月延迟补缴定义为因调转延迟到本单位近三个月的个人补缴业务。个人补缴申报成功后，系统将对本单位的本笔个人补缴业务进行锁定，滞纳金不发生变化，且不允许其他途径做其他相关补缴业务。例如某人原来一直在A单位后减员，1、2、3月均未缴费，4月份增员到B单位，即B单位在4月增员日-6月30日可以为其办理缴费月为1、2、3月的补缴。
4、 该申报业务办理时间为每月5日-25日，业务的办理时间为每月5日-每月月末倒数第二日，其他时间需要到社保经办机构办理补缴。

社会保险登记号：91110101701546782F	统一社会信用代码（组织机构代码）：91110101701546782F	缴费方式：银行缴费
公民身份号码：230502199806305421	姓名：张笛	补缴原因：单位申报个人补缴

：表示该条记录可以提交；
：表示该条记录可以提交，但提示有需注意的情况，请点击“详情”；
：表示该条不可以提交；

个人补缴预生成结果												
	补缴月份	缴费工资	补缴险种								五险不可补缴原因	五险应缴总金额
			养老保险		失业保险		工伤保险		生育、医疗保险			
			应缴本金	滞纳金	应缴本金	滞纳金	应缴本金	滞纳金	应缴本金	滞纳金		
☐	2020-07	5000.00	400.00	2.00	10.00	0.05	0.00	0.00	689.08	3.45	详情	1104.58
☐	2020-06	5000.00	400.00	8.20	10.00	0.21	0.00	0.00	414.22	8.49	详情	841.12
合计： 月数：0个月 总金额：0.00元												

个人补缴申报导入 返回

6）查看个人补缴申报导入情况。

个人补缴申报导入操作成功！

您在2020-09-11 申报交易流水号为**2020091124816379**的个人补缴业务提交成功！
请您在单位申报个人补缴主页中完成个人补缴信息汇总提交操作！
已导入未汇总数据，次日凌晨系统将自动清除，请您及时提交当日已导入未汇总数据！

返 回

7）勾选待补缴人员，单击【汇总提交】按钮。

申报业务 ）单位申报个人补缴

提示：
第一步，选择【单位申报个人补缴】业务，点击【新增补缴】按钮进入；
第二步，输入公民身份证号码和姓名后，点击【查询】按钮进行查询操作；
第三步，勾选补缴月份后，点击【个人补缴申报导入】按钮进行申报导入操作；
第四步，点击【单位申报个人补缴】业务，勾选个人补缴信息汇总记录，点击【汇总提交】按钮进行汇总提交操作；
第五步，查看业务反馈结果；

新增补缴

单位申报个人补缴信息汇总记录

选择	申报流水号	姓名	身份证号	补缴月份	养老		失业		工伤		生育、医疗		（五险）应缴合计		合计金额
					应缴本金	滞纳金	应缴本金	滞纳金	应缴本金	滞纳金	应缴本金	滞纳金	应缴本金	滞纳金	
□	2020091124816379	张笛	230502199806305421	202007,202006	800.00	10.20	20.00	0.26	0.00	0.00	1103.30	11.94	1923.30	22.40	1945.70
选中0条 总金额0.00元。															

汇总提交

8）查看汇总提交结果。

业务操作成功！

您在2020-09-11 申报交易流水号为**H2020091124814596**的个人补缴业务汇总成功！

请打印“北京市社会保险费补缴汇总表”（网上申报），并于当天及时缴费！！点击“北京市社会保险费补缴汇总明细表”（网上申报）下载汇总明细。

返 回

※ 本任务中提示“业务操作成功”，说明在职职工张笛的单位申报个人补缴网上申报系统操作已经成功，次日可查看到账情况。

（2）申报信息状态查询

该功能用于查找历史申报交易，查看申报交易状态。

1）单击【查询管理】。

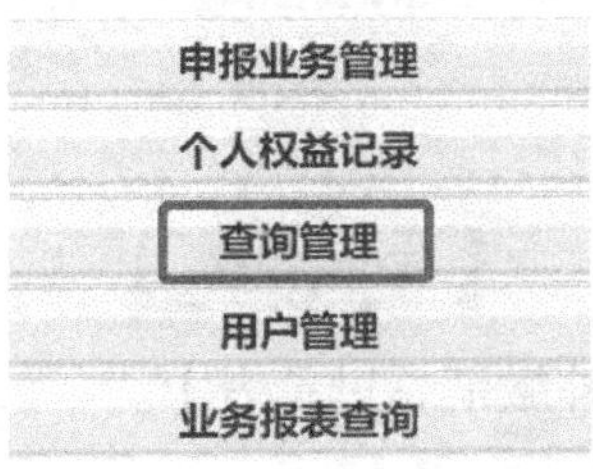

2）选择【申报信息状态查询】。

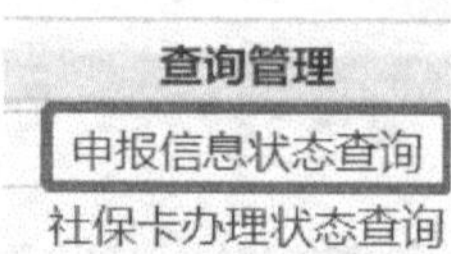

3）输入查询条件，单击【查询】按钮。

查询管理 〉申报信息状态查询

申报日期从： 到： 申报流水号：
业务类型：请选择申报业务名称 身份证号： 姓名：
办理状态：全部
查询 导出Excel文件

网上申报流水号	身份证号	姓名	申报时间	申报业务类型	办理状态	险种	业务反馈状态	业务办理不成功原因	业务办理反馈信息解释	操作

※ 本任务中申报流水号应输入“H2020091124814596”。

4）查看结果。

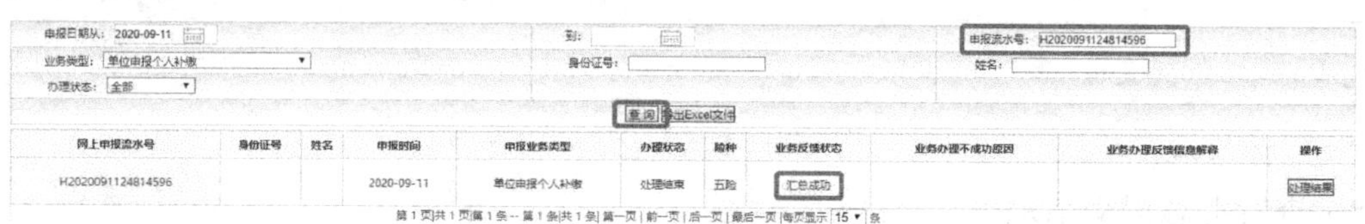

※ 本任务中结果展示的单位申报个人补缴业务的反馈状态为“汇总成功”。

【业务反馈状态】情况说明如下。

汇总成功：单位申报个人补缴申报成功，等待银行收款。

汇总失败：单位申报个人补缴申报失败。

（3）打印“北京市社会保险费补缴汇总过录表”

该功能用于打印单位申报个人补缴业务办理成功人员的“北京市社会保险费补缴汇总过录表”。

1）单击【业务报表查询】。

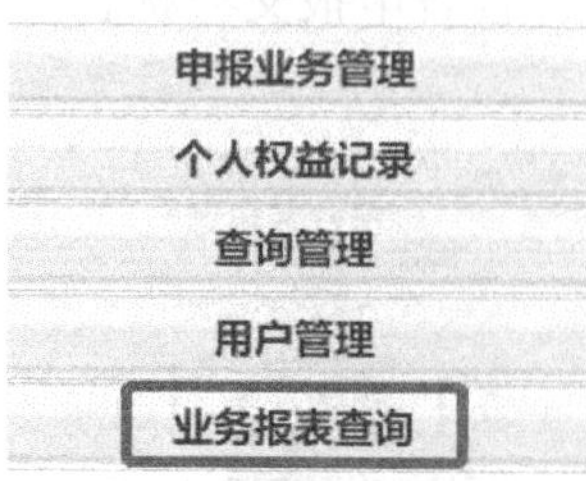

2）选择【北京市社会保险费补缴汇总过录表】。

个人待遇支付类信息采集表
个人待遇支付类信息变更表
北京市社会保险补缴明细表
基本医疗保险基金补缴情况表
北京市社会保险费补缴汇总过录表

3）输入申报流水号，单击【查询】按钮。

※ 本任务中申报流水号应输入“H2020091124814596”。

▶ 报表打印 〉北京市社会保险费补缴汇总过录表

4）查看结果，下载并打印。

（4）打印“北京市社会保险补缴明细表”

该功能用于打印单位申报个人补缴业务办理成功人员的“北京市社会保险补缴明细表”。

1）单击【业务报表查询】。

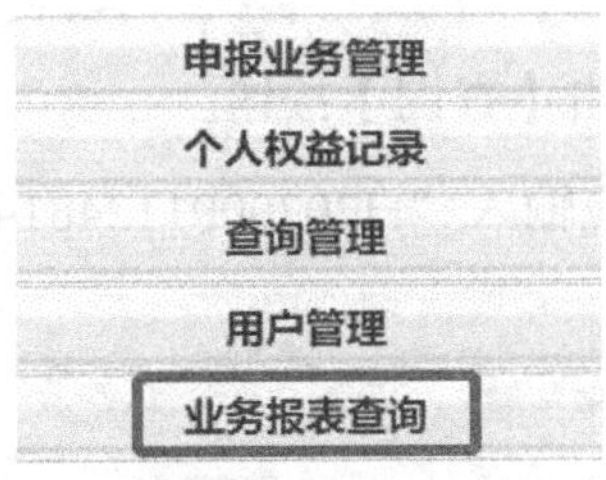

2）选择【北京市社会保险补缴明细表】。

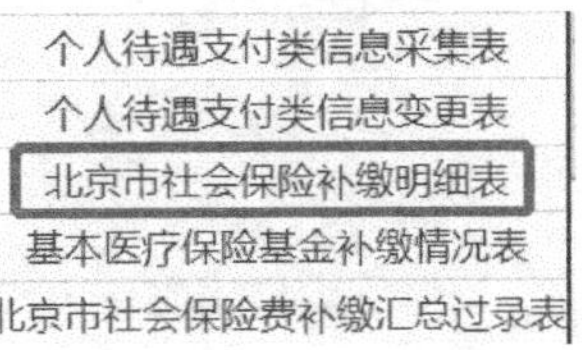

3）输入申报流水号，单击【查询】按钮。

※ 本任务中申报流水号应输入“H2020091124814596”。

▶ 报表打印 〉北京市社会保险补缴明细表

4）查看结果，下载并打印。

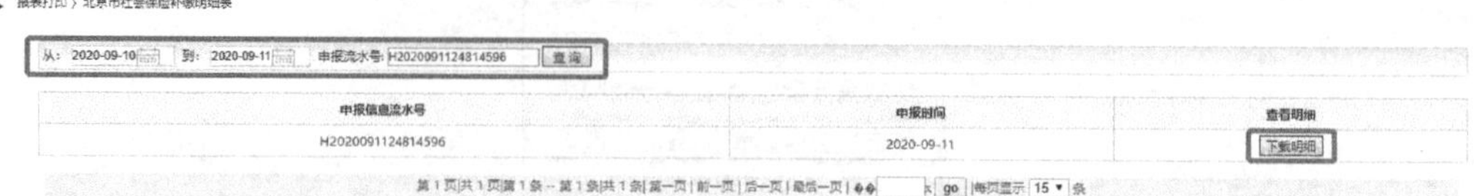

（5）个人补缴到账情况查询

该功能用于查询单位申报个人补缴到账情况及明细。

1）单击【查询管理】。

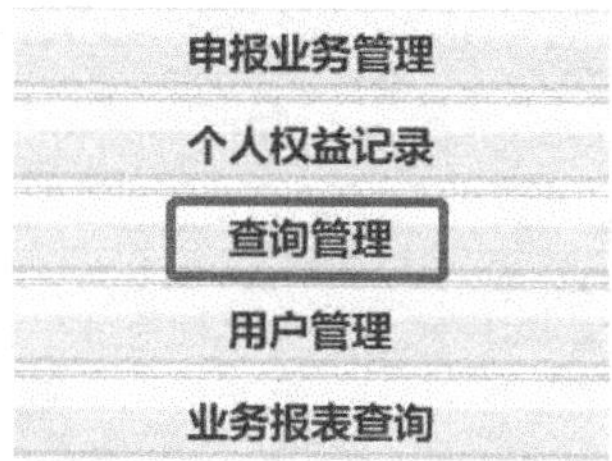

2）选择【个人补缴到账情况查询】。

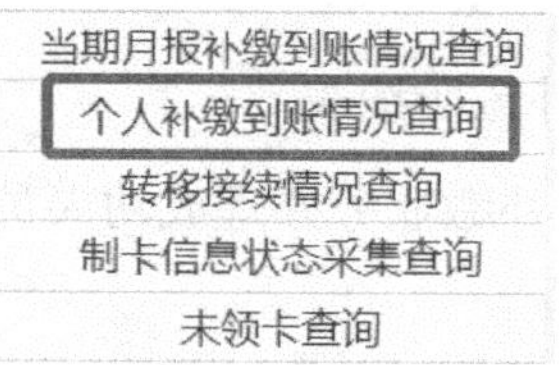

3）输入汇总交易流水号，单击【查询】按钮。

※ 本任务中汇总交易流水号应输入“H2020091124814596”。

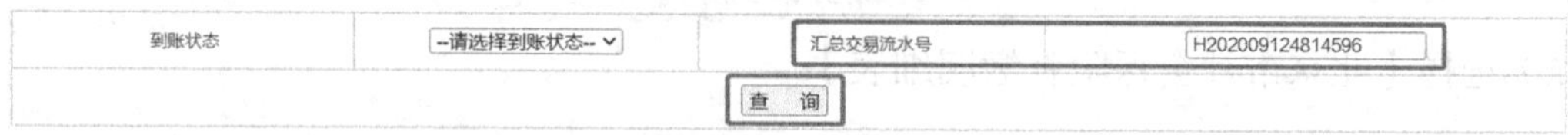

4）查看结果（待收款）。

单位申报个人补缴信息汇总记录

汇总交易流水号	到账状态	养老		失业		工伤		生育、医疗		（五险）应缴合计		合计金额	未到账原因说明
		应缴本金	滞纳金	应缴本金	滞纳金	应缴本金	滞纳金	应缴本金	滞纳金	应缴本金	滞纳金		
H2020091124814596		800.00	10.20	20.00	0.26	0.00	0.00	1103.30	11.94	1923.30	22.40	1945.70	--

图标说明：
表示补缴未到账。
表示补缴已到账。

提示信息：
1. 用人单位可在个人补缴审核成功后，通过与银行约定的缴费方式办理缴费业务。
2. 用人单位可在个人补缴审核成功的次日，查询个人补缴实际到账情况。
3. 网上银行的缴费办理时间为每日6:00至17：00。

网银链接

5）查看结果（已到账）。

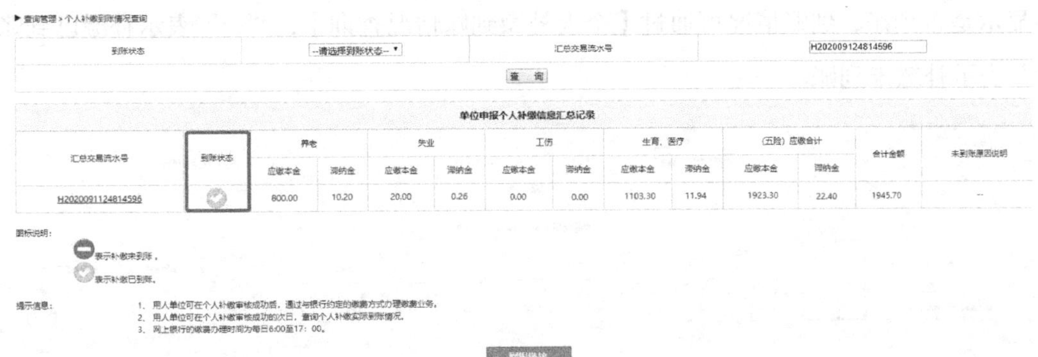

▶ 查询管理 > 个人补缴到账情况查询

到账状态	--请选择到账状态--	汇总交易流水号	H202009124814596

查 询

单位申报个人补缴信息汇总记录

汇总交易流水号	到账状态	养老		失业		工伤		生育、医疗		(五险) 应缴合计		合计金额	未到账原因说明
		应缴本金	滞纳金	应缴本金	滞纳金	应缴本金	滞纳金	应缴本金	滞纳金	应缴本金	滞纳金		
H2020091124814596		800.00	10.20	20.00	0.26	0.00	0.00	1103.30	11.94	1923.30	22.40	1945.70	--

图标说明：

表示补缴未到账，

表示补缴已到账。

提示信息：

1、用人单位可在个人补缴审核成功后，通过与银行约定的缴费方式办理缴费业务。

2、用人单位可在个人补缴审核成功的次日，查询个人补缴实际到账情况。

3、网上银行的缴费办理时间为每日6:00至17：00。

网银链接

4. 操作重点

1）缴费途径为“银行缴费”的参保单位可以使用单位申报个人补缴功能；缴费途径为“社保缴费”的参保单位如想开通此功能，需通过缴费信息采集变更功能变更缴费途径。

目前缴费途径为“银行缴费”的参保单位可以使用此项功能，如果您想使用此项功能，请您先办理“缴费信息采集变更”业务，如果已经开通银行缴费方式，请确定该业务是否生效，生效时间为开通的次月。

2）申报反馈页面提示“业务操作成功”，说明单位申报个人补缴网上申报系统操作已经成功，次日可查看到账情况。

业务操作成功！

您在2020-09-11 申报交易流水号为H2020091124814596的个人补缴业务汇总成功！

请打印 “北京市社会保险费补缴汇总表”（网上申报），并于当天及时缴费！！点击“北京市社会保险费补缴汇总明细表”（网上申报）下载汇总明细。

返 回

3）个人补缴申报导入操作成功后需完成汇总提交，提示汇总成功说明个人补缴业务办理成功。

个人补缴申报导入操作成功！

您在2020-09-11 申报交易流水号为2020091124816379的个人补缴业务提交成功！

请您在单位申报个人补缴主页中完成个人补缴信息汇总提交操作！

已导入未汇总数据，次日凌晨系统将自动清除，请您及时提交当日已导入未汇总数据！

返 回

4）个人补缴申报成功后次日可查看到账情况，【申报信息状态查询】中的业务反馈状态不显示是否到账，到账情况可通过【个人补缴到账情况查询】，“◎”表示补缴已到账，“⊖”表示补缴未到账。

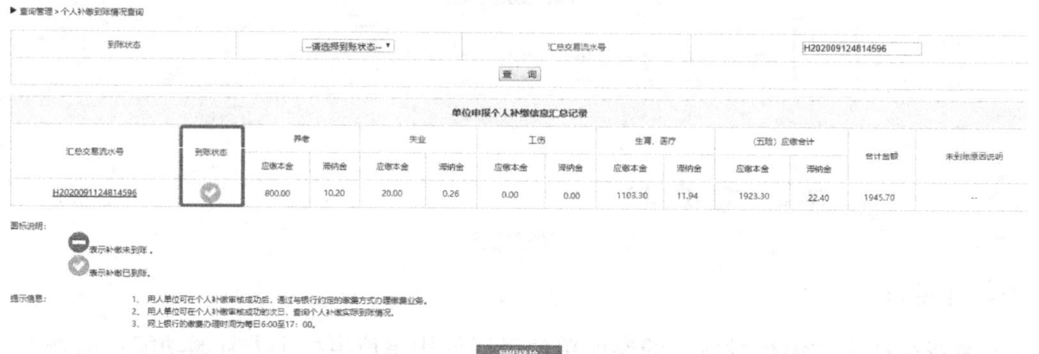

▶ 查询管理 > 个人补缴到账情况查询

到账状态	--请选择到账状态--	汇总交易流水号	H202009124814596

查 询

单位申报个人补缴信息汇总记录

汇总交易流水号	到账状态	养老		失业		工伤		生育、医疗		（五险）应缴合计		合计金额	未到账原因说明
		应缴本金	滞纳金	应缴本金	滞纳金	应缴本金	滞纳金	应缴本金	滞纳金	应缴本金	滞纳金		
H2020091124814596	◎	800.00	10.20	20.00	0.26	0.00	0.00	1103.30	11.94	1923.30	22.40	1945.70	--

图标说明：

⊖表示补缴未到账，

◎表示补缴已到账。

提示信息：

1、用人单位可在个人补缴审核成功后，通过与银行约定的缴费方式办理缴费业务。
2、用人单位可在个人补缴审核成功的次日，查询个人补缴实际到账情况。
3、网上银行的缴费办理时间为每日6:00至17：00。

网银链接

5）每天每人只能提交一次单位申报个人补缴申请，再次提交已申报人员三险系统会提示“录入的缴费起止日期与补缴明细表中的缴费起止日期有重复！”，医疗（生育）系统会提示“存在补退在途的记录，不能补缴”。

	补缴月份	缴费工资	补缴险种								五险不可补缴原因	五险应缴总金额
			养老保险		失业保险		工伤保险		生育、医疗保险			
			应缴本金	滞纳金	应缴本金	滞纳金	应缴本金	滞纳金	应缴本金	滞纳金		
○	2020-08	55555.00	不可补	不可补	不可补	不可补	0.00	0.00	不可补	不可补	⊖ 详情	0.00

险种	不可补缴原因
养老保险	录入的缴费起止日期与补缴明细表中的缴费起止日期有重复！
失业保险	录入的缴费起止日期与补缴明细表中的缴费起止日期有重复！
工伤保险	
生育、医疗保险	存在补退在途的记录,不能补缴

6）一次汇总提交可同时提交多人补缴信息，未汇总提交数据，次日相关信息将自动清除。

▶ 申报业务 〉单位申报个人补缴

提示：
第一步，选择【单位申报个人补缴】业务，点击【新增补缴】按钮进入；
第二步，输入公民身份证号码和姓名后，点击【查询】按钮进行查询操作；
第三步，勾选补缴月份后，点击【个人补缴申报导入】按钮进行申报导入操作；
第四步，点击【单位申报个人补缴】业务，勾选个人补缴信息汇总记录，点击【汇总提交】按钮进行汇总提交操作；
第五步，查看业务反馈结果；

新增补缴

单位申报个人补缴信息汇总记录

选择	申报流水号	姓名	身份证号	补缴月份	养老		失业		工伤		生育、医疗		（五险）应缴合计		合计金额
					应缴本金	滞纳金	应缴本金	滞纳金	应缴本金	滞纳金	应缴本金	滞纳金	应缴本金	滞纳金	
☐	2020091124816379	艾宁	110104198205230413	202007,202006	800.00	10.20	20.00	0.26	0.00	0.00	1103.30	11.94	1923.30	22.40	1945.70
☐	2020090824519926	艾珍珍	110103198408142020	202007	400.00	5.20	10.00	0.26	0.00	0.00	503.30	4.9	1923.30	22.40	1945.70
☐	2020090823190854	安嫣媛	110106198002161560	202002	1800.00	10.20	70.00	2.26	0.00	0.00	1103.30	11.94	1923.30	22.40	1945.70

选中0条 总金额0.00元。

汇总提交

7）个人补缴选择月份规则无限制，可单独补缴7月，也可同时补缴6月和7月。

：表示该条记录可以提交；

：表示该条记录可以提交，但提示有需注意的情况，请点击“详情”；

：表示该条不可以提交；

个人补缴预生成结果

	补缴月份	缴费工资	补缴险种								五险不可补缴原因	五险应缴总金额
			养老保险		失业保险		工伤保险		生育、医疗保险			
			应缴本金	滞纳金	应缴本金	滞纳金	应缴本金	滞纳金	应缴本金	滞纳金		
	2020-07	5000.00	400.00	2.00	10.00	0.05	0.00	0.00	689.08	3.45	详情	1104.58
	2020-06	5000.00	400.00	8.20	10.00	0.21	0.00	0.00	414.22	8.49	详情	841.12

合计： 月数：0个月 总金额：0.00元

个人补缴申报导入 返 回

习题

何时可以查询单位申报个人补缴的到账情况？

A. 提交当日　　B. 提交次日　　C. 提交次月　　D. 无法查看

答：【　　】

解析：提交次日可通过个人补缴到账情况查询功能查看到账情况。

学习情景三　支付类业务经办

学习领域　普通单位用户

退休人员信息变更

学习任务　退休人员信息变更

一、任务场景

某用人单位退休职工关国光（身份证号 110103195203232017），需要通过单位将自己的参保人手机号变更为 18811364647，现通过退休人员信息变更功能进行申报操作。

二、业务流程

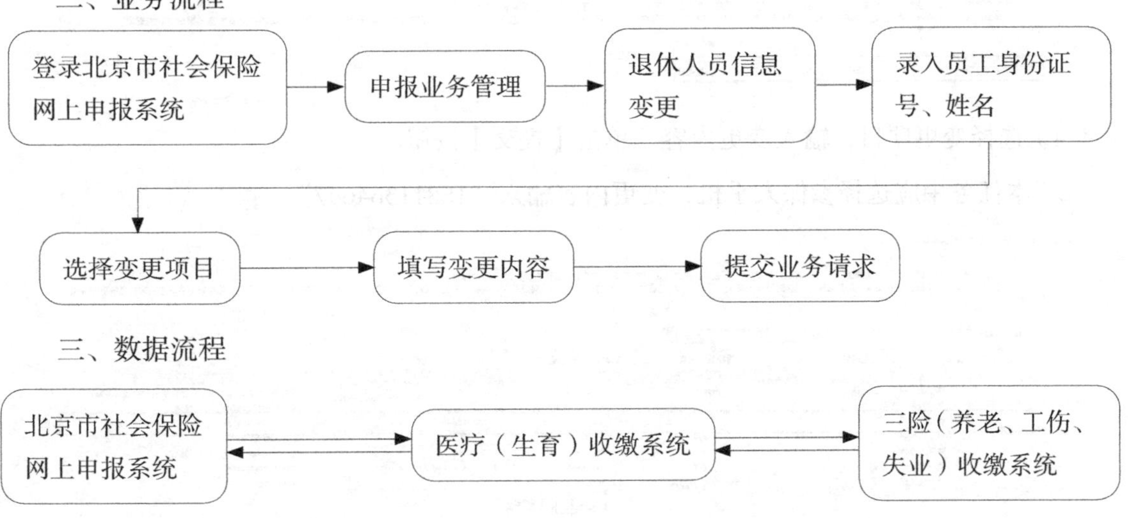

三、数据流程

四、业务操作

1. 功能简介

退休人员信息变更功能用于参保企业为对本单位退休职工办理个人基本信息变更业务。

2. 业务办理时间

每月 4 日至 25 日，每日早 6：00 至晚 10：00。

3. 操作流程

（1）退休人员信息变更

1）登录北京市社会保险网上申报系统后，单击【申报业务管理】。

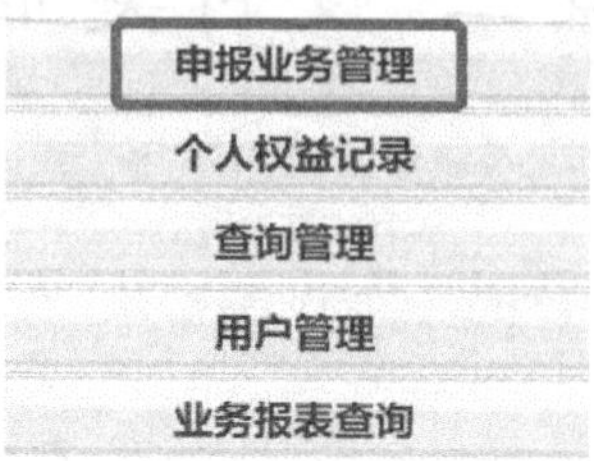

2）选择【退休人员信息变更】。

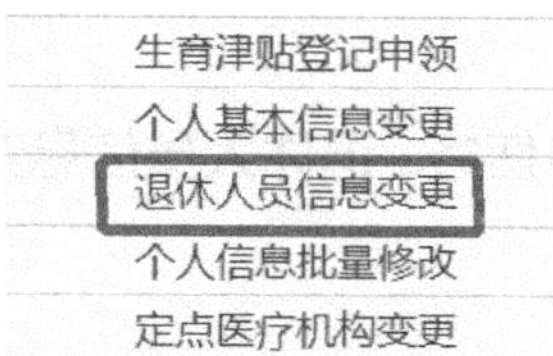

3）输入身份证号和姓名，单击【确定】按钮。

※ 本任务中身份证号应输入“110103195203232017”，姓名输入“关国光”。

申报业务 〉 退休人员信息变更

提示：
1、若信息申报成功且申报状态是“变更成功”，自您申报成功1小时后，可在本系统的【查询管理/申报信息状态查询】模块查询审核结果。
2、若信息申报成功且申报状态是“提交成功等待审核”（变更项目前有“红*”标注），您还要持相关材料到社保经办机构办理审核手续。自您办理完审核手续24小时后，可在本系统的【查询管理/申报信息状态查询】模块查询审核结果。

身份证号：110103195203232017 姓名：关国光 确定

4）选择变更项目，输入变更内容，单击【提交】按钮。

※ 本任务中应选择参保人手机，变更内容输入“18811364647”。

5）提交后系统显示本次申报业务结果。

※ 本任务中四险、医疗反馈状态显示“导入成功”，说明退休人员关国光的退休人员信息变更业务办理成功，变更项已生效。

▶ 申报业务 〉退休人员信息变更

申报交易处理信息		
申报交易流水号：2020091825436167	社会保险登记号：110109805032	
四险反馈状态 导入成功	四险不成功原因：---	四险不成功的原因解释：---
医疗反馈状态 导入成功	医疗不成功原因：---	医疗不成功的原因解释：---
申报业务类型：退休人员信息变更	申报日期：2020-09-18	办理状态：处理结束

申报交易数据明细	
变更项目	变更内容
参保人手机号	18811364647

返回

（2）申报信息状态查询

该功能用于查找历史申报交易，查看申报交易状态。

1）单击【查询管理】。

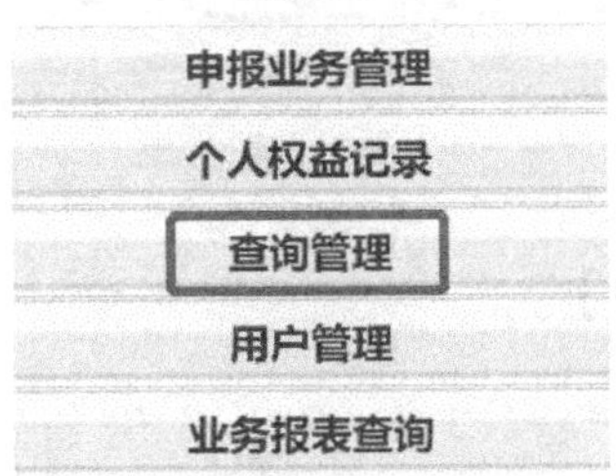

2）选择【申报信息状态查询】。

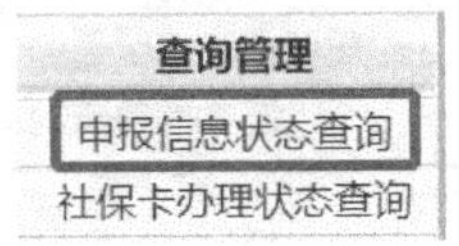

3）输入查询条件，单击【查询】按钮。

※ 本任务中申报流水号应输入“2020091825436167”。

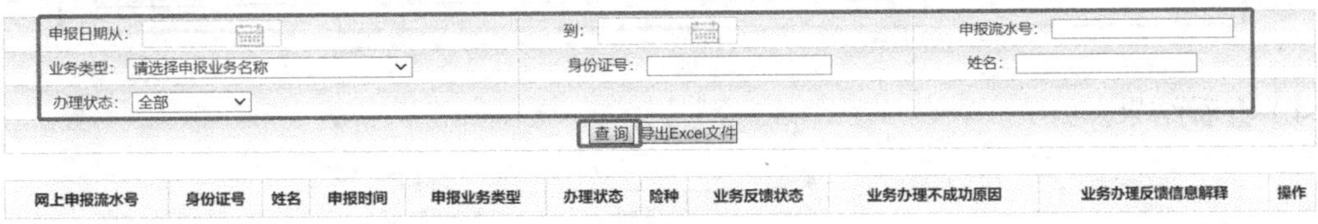

4）查看结果。

※ 本任务中结果展示的退休人员信息变更业务的反馈状态为“导入成功”。

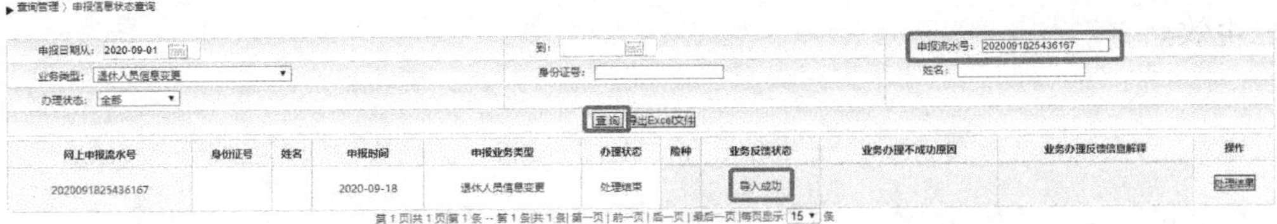

【业务反馈状态】情况说明如下。

导入成功：退休人员信息变更申报成功。

导入失败：退休人员信息变更申报失败。

（3）个人基本信息查询

该功能用于查看退休人员信息变更申报业务办理成功的个人基本信息。

1）单击【查询管理】。

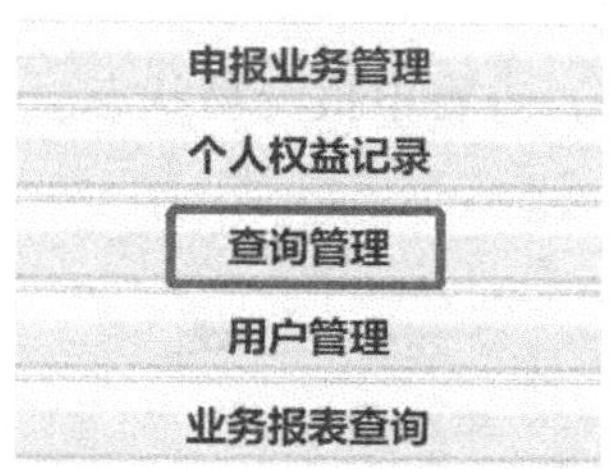

2）选择【个人基本信息查询】。

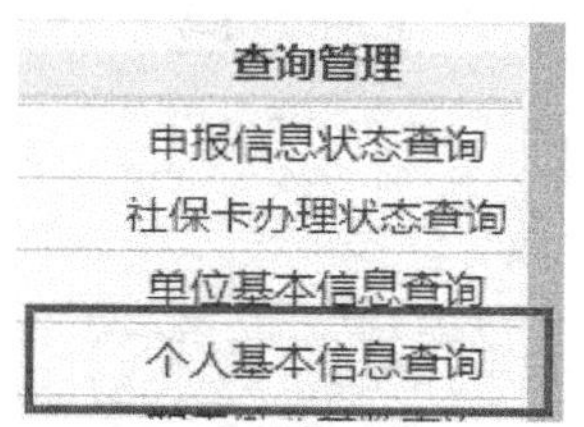

3）输入身份证号和姓名，单击【查询】按钮。

4）查看结果。

*获取对账单方式	网上查询	电子邮件地址		*文化程度	大专
*参保人电话		参保人手机	18811365647	*申报月均工资收入（元）	16645(四险)12199(医保)
*证件类型				*证件号码	

4. 操作重点

1）四险、医疗反馈状态显示“导入成功”，说明退休人员信息变更业务办理成功，变更项已生效。

▸ 申报业务 〉退休人员信息变更

申报交易处理信息		
申报交易流水号：2020091825436167	社会保险登记号：110109805032	
四险反馈状态：导入成功	四险不成功原因：---	四险不成功的原因解释：---
医疗反馈状态：导入成功	医疗不成功原因：---	医疗不成功的原因解释：---
申报业务类型：退休人员信息变更	申报日期：2020-09-18	办理状态：处理结束

申报交易数据明细	
变更项目	变更内容
参保人手机号	18811364647

返回

2）退休人员信息变更操作成功 1 小时后可通过【个人基本信息查询】查看。

习题

（多选）下列哪些信息可以通过退休人员信息变更功能变更？

A. 居住地（联系）邮政编码　　B. 委托代发银行名称

C. 参保人联系电话　　D. 参保人手机

答：【　　】

解析：无。

学习情景四　权益类业务经办

学习领域（一）普通单位用户

养老保险关系异地转入

学习任务 1　养老保险关系异地转入

一、任务场景

某用人单位在职职工魏旭、李天、王振旭通过参保单位申请办理养老保险关系异地转入业务，现通过养老保险关系异地转入办理，人员详细信息如下：

姓名魏旭，身份证号 110226199006073915，人员类型为普通职工；

姓名李天，身份证号 150424198806073915，人员类型为退役军人；

姓名王振旭，身份证号 110104196010180012，人员类型为随军配偶。

二、业务流程

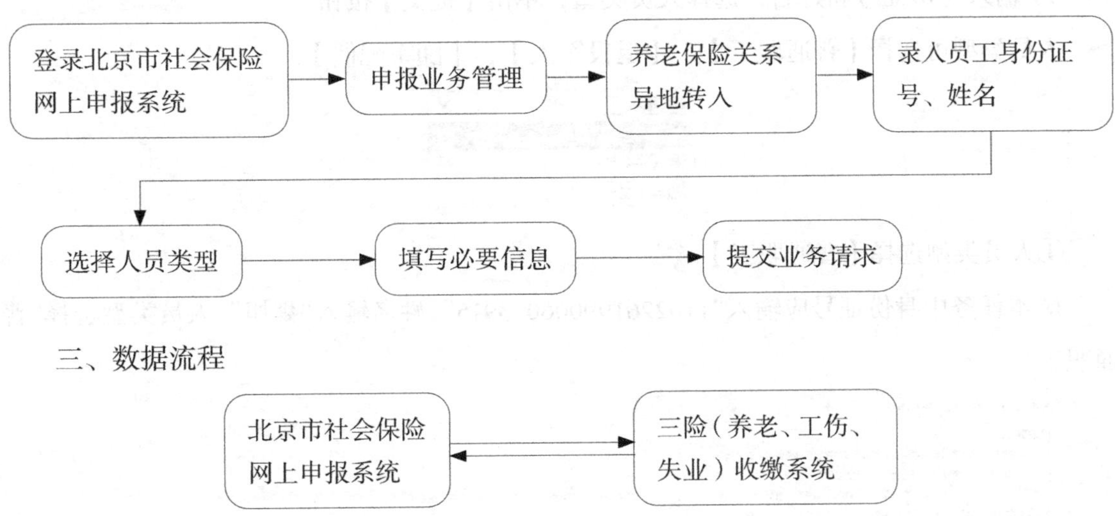

三、数据流程

四、业务操作

1. 功能简介

养老保险关系异地转入功能用于参保企业为本单位在职职工办理养老保险关系异地转入业务。

2. 业务办理时间

每月 4 日至 25 日，每日早 6：00 至晚 10：00。

3. 操作流程

（1）养老保险关系异地转入

1）登录北京市社会保险网上申报系统后，单击【申报业务管理】。

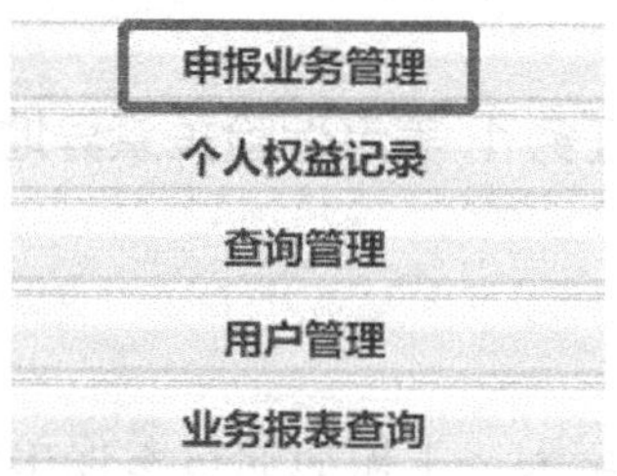

2）选择【养老保险关系异地转入】。

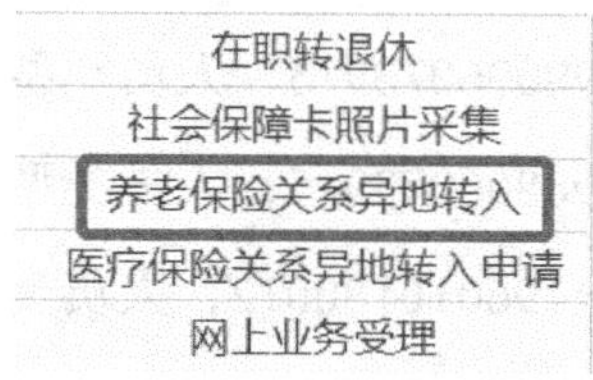

3）输入身份证号和姓名，选择人员类型，单击【提交】按钮。

人员类型可选择【普通职工】、【退役军人】、【随军配偶】。

①人员类型选择【普通职工】。

※本任务中身份证号应输入“110226199006073915”，姓名输入“魏旭”，人员类型选择“普通职工”。

▶ 申报业务 〉 养老保险关系转入申请

注意事项：

1. 请您通过转移接续情况查询功能查询当前您基本养老保险关系转入进度情况。
2. 请您保证您录入的凭证信息准确无误，否则责任自负。
3. 如果您提交的人员转入申请类型为退役军人或随军配偶时，请于10个工作日之后通过“查询管理”模块下的“申报信息状态查询”功能，查看受理进度。若受理成功，随军配偶可以通过点击该页面的“申报流水号”，下载《联系函》。
4. 在转出地建立临时账户的，请前往本市参保地的社保经办机构提交材料。
5. 本市尚未开展机关事业养老保险转移接续业务，暂无法支持外省机关事业养老保险转入。

身份证号码：110226199006073915　姓名：魏旭　选择人员类型：普通职工　确定

Ⅰ. 输入参保人基本信息、社会保险经办机构信息，上传参保凭证，单击【提交】按钮。上传电子材料的要求包括：文档格式可以为 PDF、JPG、PNG 三种，可通过扫描、拍照方式生成电子文件，多个文件请将其合并为一个文件，最大不超过 A4 纸尺寸，大小为 120~200K，文档字节数最大不超过 1024K。

身份证号码：110226199006073915 姓名：魏旭 选择人员类型：普通职工 确定

基本养老保险参保缴费凭证

参保人员基本信息

姓名	魏旭	性别	男	个人编号	124512
公民身份号码	110226199006073915		户籍地地址		北京市西城区德外街道
在本地参保起止时间	2018-09-12 至 2020-09-22	本地实际缴费月数	36	本地参保期间个人账户储存额	10000
手机号码	手机号码为11位数字				

社会保险经办机构信息

行政区划代码	1020	单位名称	北京吉家商贸有限公司		
电话	18811364647	地址	北京市西城区西直门	邮政编码	100010

上传附件

上传电子材料：文档格式可以为PDF、JPG、PNG三种，可通过扫描、拍照方式生成电子文件，多个文件请将其合并为一个文件，最大不超过A4尺寸，大小为120-200K，文档字节数最大不超过1024K；

*参保凭证：参保凭证.png 浏览

返回 提交

Ⅱ. 提交后系统显示本次申报业务结果。

※ 本任务中提示“业务操作成功”，说明普通职工魏旭的养老保险关系异地转入网上申报系统操作已经成功，后续进度情况可通过申报信息状态查询功能查看。

②【人员类型】选择【退役军人】。

※ 本任务中身份证号码应输入“150424198806073915”，姓名输入“李天”，人员类型选择“退役军人”。

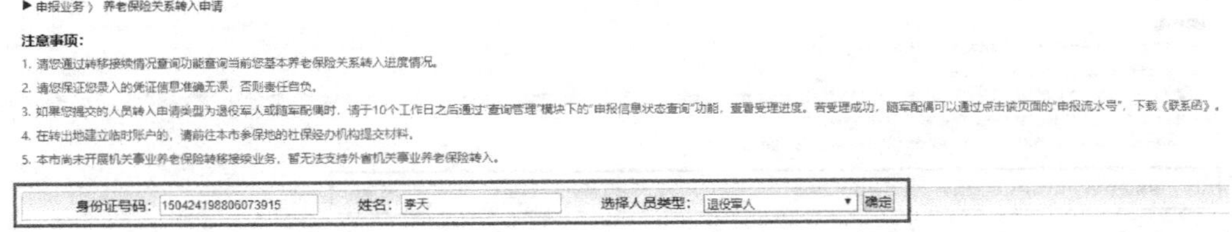

▶ 申报业务 〉 养老保险关系转入申请

注意事项：

1. 请您通过转移接续情况查询功能查询当前您基本养老保险关系转入进度情况。
2. 请您保证您录入的凭证信息准确无误，否则责任自负。
3. 如果您提交的人员转入申请类型为退役军人或随军配偶时，请于10个工作日之后通过“查询管理”模块下的“申报信息状态查询”功能，查看受理进度。若受理成功，随军配偶可以通过点击该页面的“申报流水号”，下载《联系函》。
4. 在转出地建立临时账户的，请前往本市参保地的社保经办机构提交材料。
5. 本市尚未开展机关事业养老保险转移接续业务，暂无法支持外省机关事业养老保险转入。

身份证号码：150424198806073915 姓名：李天 选择人员类型：退役军人 确定

Ⅰ. 输入军人参保基本信息、军队单位信息，上传参保凭证、信息表，单击【提交】按钮。上传电子材料的要求包括：文档格式可以为 PDF、JPG、PNG 三种，可通过扫描、拍照方式生成电子文件

照方式生成电子文件，多个文件请将其合并为一个文件，最大不超过 A4 纸尺寸，大小为 120~200K，文档字节数最大不超过 1024K。

身份证号码：150424198806073915 姓名：李天 选择人员类型：退役军人 确定

军人退役基本养老保险参保缴费凭证

军人参保基本信息

个人编号	124512		姓名	李天	性别	男
公民身份号码	110102198211013056		安置地地址	北京市东城区安定门街道		
军人服现役起止时间	2018-09-05 至	2020-09-22	在军队实际缴费月数	24		
单位缴费金额	10000		个人缴费本金	2000	个人缴费利息	332
军人退役基本养老保险补助总额	500		手机号码	手机号码为11位数字		

军队单位信息

行政区划代码	1010	单位名称（部队代号）			
电话	18811364647	地址	北京市朝阳区	邮政编码	100010

上传附件

上传电子材料：文档格式可以为PDF、JPG、PNG三种，可通过扫描、拍照方式生成电子文件，多个文件请将其合并为一个文件，最大不超过A4尺寸，大小为120-200K，文档字节数最大不超过1024K；

*参保凭证：参保凭证.png 删除 *信息表：信息表.png 删除

返回 提交

Ⅱ. 提交后系统显示本次申报业务结果。

※ 本任务中提示“业务操作成功”，说明退役军人李天的养老保险关系异地转入网上申报系统操作已经成功，后续进度情况可通过申报信息状态查询功能查看。

业务受理情况需于 10 个工作日后查看。

③人员类型选择【随军配偶】。

※ 本任务中身份证号应输入“110104196010180012”，姓名输入“王振旭”，人员类型选择“随军配偶”。

▶ 申报业务 〉 养老保险关系转入申请

注意事项：

1. 请您通过转移接续情况查询功能查询当前您基本养老保险关系转入进度情况。
2. 请您保证您录入的凭证信息准确无误，否则责任自负。
3. 如果您提交的人员转入申请类型为退役军人或随军配偶时，请于10个工作日之后通过“查询管理”模块下的“申报信息状态查询”功能，查看受理进度。若受理成功，随军配偶可以通过点击该页面的“申报流水号”，下载《联系函》。
4. 在转出地建立临时账户的，请前往本市参保地的社保经办机构提交材料。
5. 本市尚未开展机关事业养老保险转移接续业务，暂无法支持外省机关事业养老保险转入。

身份证号码：110104196010180012 姓名：王振旭 选择人员类型：随军配偶 确定

Ⅰ. 输入未就业随军配偶基本信息、军队单位信息，上传参保凭证、信息表，单击【提交】按钮。

上传电子材料的要求包括：文档格式可以为 PDF、JPG、PNG 三种，可通过扫描、拍照方式生成电子文件，多个文件请将其合并为一个文件，最大不超过 A4 纸尺寸，大小为 120~200K，文档字节数最大不超过 1024K。

身份证号码：110104196010180012　姓名：王振旭　选择人员类型：随军配偶　确定

未就业随军配偶养老保险参保缴费凭证

未就业随军配偶基本信息

姓名	王振旭	性别	男	个人编号	124512
公民身份号码	110104196010180012		户籍地地址	北京市西城区德外街道	
参保起止时间	2018-09-12 至 2020-09-22	实际缴费月数	24	个人账户储存额	10000
手机号码	手机号码为11位数字				

军队单位信息

行政区划代码	1020	单位名称			
电话	最大不超过20个字符	地址	北京市朝阳区	邮政编码	100010

上传附件

上传电子材料：文档格式可以为PDF、JPG、PNG三种，可通过扫描、拍照方式生成电子文件，多个文件请将其合并为一个文件，最大不超过A4尺寸，大小为120-200K，文档字节数最大不超过1024K；

*参保凭证：参保凭证.png　删除　*信息表：信息表.png　删除

返回　提交

Ⅱ. 提交后系统显示本次申报业务结果。

※ 本任务中提示"业务操作成功"，说明随军配偶王振旭的养老保险关系异地转入网上申报系统操作已经成功，后续进度情况可通过申报信息状态查询功能查看，并下载"联系函"。

业务受理情况需于 10 个工作日后查看。

（2）申报信息状态查询

该功能用于查找历史申报交易，查看申报交易状态。

1）单击【查询管理】。

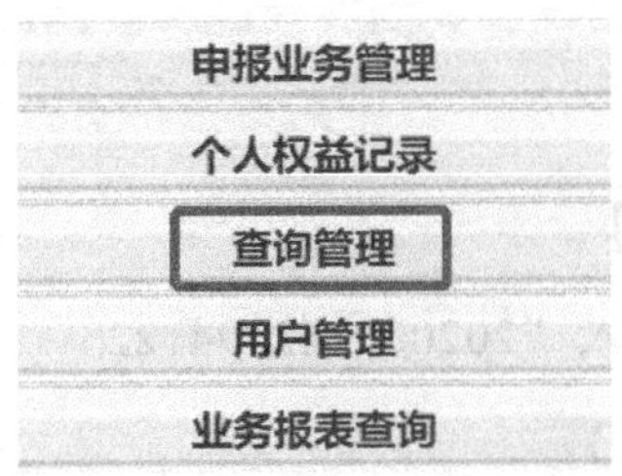

2）选择【申报信息状态查询】。

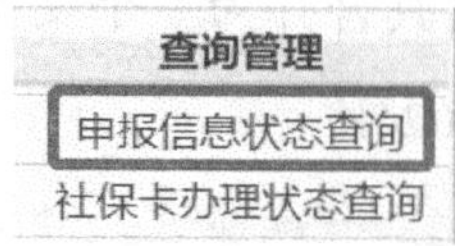

3）输入查询条件，单击【查询】按钮。

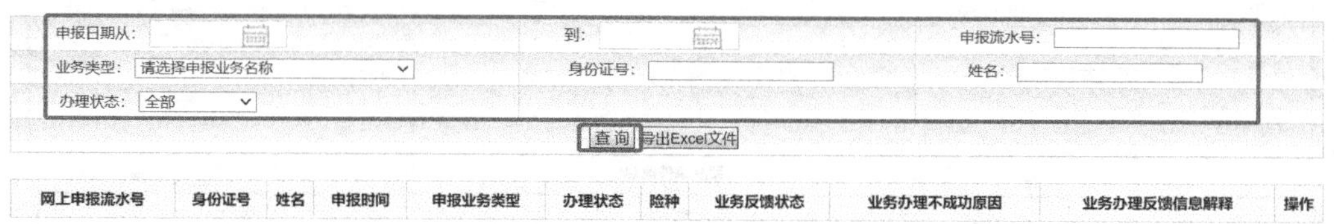

①人员类型选择【普通职工】。

※ 本任务中申报流水号应输入“2020091424942781”。

Ⅰ. 查看结果（受理成功）。

※ 本任务中结果展示的普通职工魏旭的养老保险关系异地转入业务反馈状态为“受理成功”，办理状态为“处理中”。此状态说明该项养老保险关系异地转入业务未办理完结。

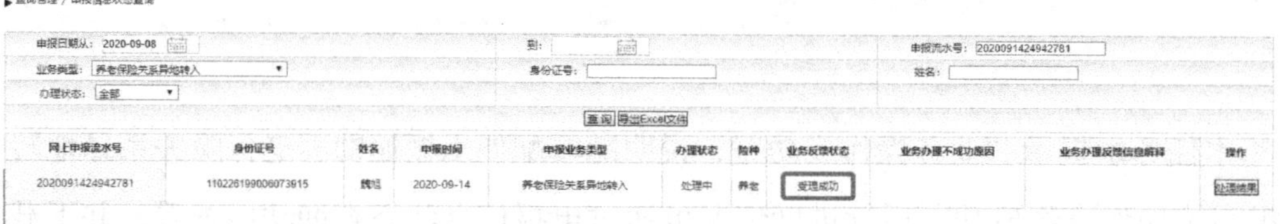

Ⅱ. 查看结果（处理成功）。

※ 本任务中结果展示的普通职工魏旭的养老保险关系异地转入业务反馈状态为“处理成功”，办理状态为“处理结束”。此状态说明该项养老保险关系异地转入业务办理完结。

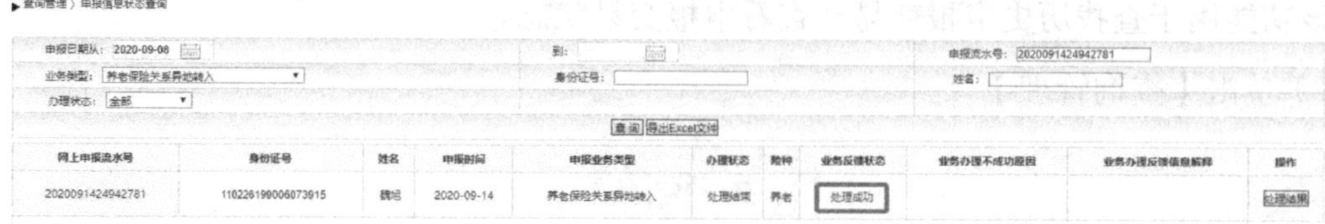

②人员类型选择【退役军人】。

※ 本任务中申报流水号应输入“2020091424941223”。

Ⅰ. 查看结果（已提交待处理）。

※ 本任务中结果展示的退役军人李天的养老保险关系异地转入业务反馈状态为“提交

成功”，办理状态为“已提交待处理”。此状态下需等待 10 个工作日，再查看是否受理成功。

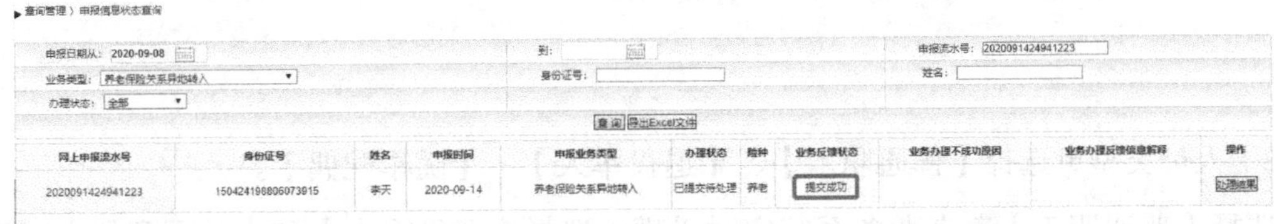

查询管理 〉申报信息状态查询

申报日期从：2020-09-08 到： 申报流水号：2020091424941223
业务类型：养老保险关系异地转入 身份证号： 姓名：
办理状态：全部

查 询 导出Excel文件

网上申报流水号	身份证号	姓名	申报时间	申报业务类型	办理状态	险种	业务反馈状态	业务办理不成功原因	业务办理反馈信息解释	操作
2020091424941223	150424198806073915	李天	2020-09-14	养老保险关系异地转入	已提交待处理	养老	提交成功			处理结果

Ⅱ. 查看结果（受理成功）。

※ 本任务中结果展示的退役军人李天的养老保险关系异地转入业务反馈状态为“受理成功”，办理状态为“处理中”。此状态说明该项养老保险关系异地转入业务未办理完结。

查询管理 〉申报信息状态查询

申报日期从：2020-09-08 到： 申报流水号：2020091424941223
业务类型：养老保险关系异地转入 身份证号： 姓名：
办理状态：全部

查 询 导出Excel文件

网上申报流水号	身份证号	姓名	申报时间	申报业务类型	办理状态	险种	业务反馈状态	业务办理不成功原因	业务办理反馈信息解释	操作
2020091424941223	150424198806073915	李天	2020-09-14	养老保险关系异地转入	处理中	养老	受理成功			处理结果

Ⅲ. 查看结果（处理成功）。

※ 本任务中结果展示的退役军人李天的养老保险关系异地转入业务反馈状态为“处理成功”，办理状态为“处理结束”。此状态说明该项养老保险关系异地转入业务办理完结。

查询管理 〉申报信息状态查询

申报日期从：2020-09-08 到： 申报流水号：2020091424941223
业务类型：养老保险关系异地转入 身份证号： 姓名：
办理状态：全部

查 询 导出Excel文件

网上申报流水号	身份证号	姓名	申报时间	申报业务类型	办理状态	险种	业务反馈状态	业务办理不成功原因	业务办理反馈信息解释	操作
2020091424941223	150424198806073915	李天	2020-09-14	养老保险关系异地转入	处理结束	养老	处理成功			处理结果

【业务反馈状态】情况说明如下。

已提交待处理：养老保险关系异地转入提交成功，等待养老系统反馈受理结果。

受理成功：养老系统受理成功，等待反馈审核结果。

受理失败：养老系统受理失败。

处理成功：养老审核成功。

处理失败：养老审核失败。

③人员类型选择【随军配偶】。对于王振旭的申报信息状态查询的相关操作及说明同上，此处不再详述。

4. 操作重点

1）申报反馈页面提示“业务操作成功”，说明养老保险关系异地转入网上申报系统操作已经成功，后续进度情况可通过申报信息状态查询功能查看。

2）人员类型可选择【普通职工】、【退役军人】、【随军配偶】。

选择【普通职工】养老业务系统实时受理。选择【退役军人】和【随军配偶】，受理结果需 10 个工作日后，养老业务系统反馈网上申报系统受理是否成功。

3）上传电子材料的要求包括：文档格式可以为 PDF、JPG、PNG 三种，可通过扫描、拍照方式生成电子文件，多个文件请将其合并为一个文件，最大不超过 A4 纸尺寸，大小为 120~200K，文档字节数最大不超过 1024K。

习题

1.（多选）养老保险关系异地转入可选择的人员类型是下列哪种？

A. 普通职工　　B. 退役军人　　C. 随军配偶　　D. 现役军人

答：【　　】

解析：无。

2.（多选）养老保险关系异地转入受理结果需 10 个工作日后反馈结果的是下列哪种人员类型？

A. 普通职工　　B. 退役军人　　C. 随军配偶　　D. 现役军人

答：【　　】

解析：选择【普通职工】养老业务系统实时受理。选择【退役军人】和【随军配偶】，受理结果需 10 个工作日后，养老业务系统反馈网上申报系统受理是否成功。

医疗保险关系异地转入申请

学习任务 2　医疗保险关系异地转入申请

一、任务描述

在职职工白丽通过参保单位申请办理医疗保险关系异地转入申请，现通过医疗保险关系异地转入申请办理，人员详细信息如下。

姓名白丽，身份证号 130824198005280066，人员类型为普通职工。

二、业务流程

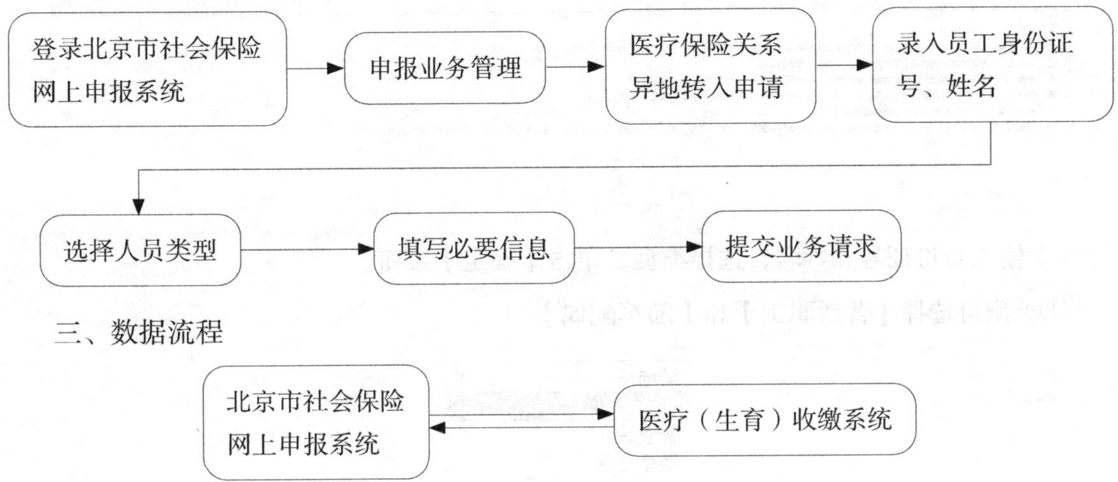

三、数据流程

四、业务操作

1. 功能简介

医疗保险关系异地转入申请功能用于参保企业为本单位在职职工办理医疗保险关系异地转入申请业务。

2. 业务办理时间

每月 4 日至 25 日，每日早 6：00 至晚 10：00。

3. 操作流程

（1）医疗保险关系异地转入申请

1）登录北京市社会保险网上申报系统后，单击【申报业务管理】。

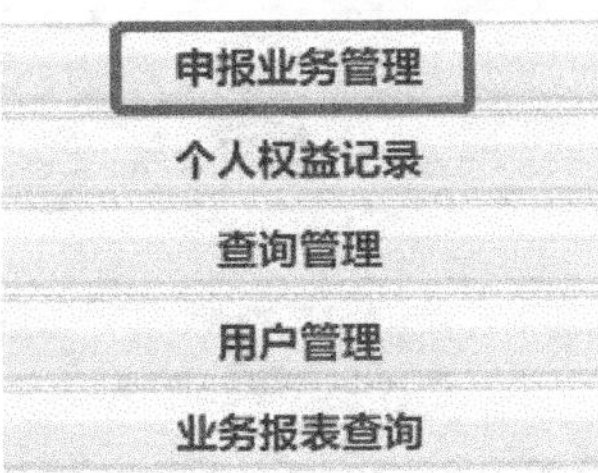

2）选择【医疗保险关系异地转入申请】。

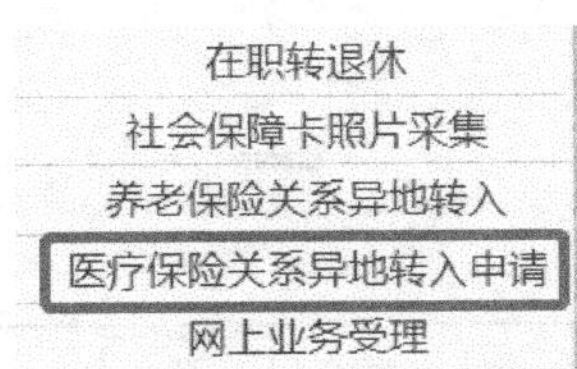

3）查看【转移接续转入告知】，单击【确定】按钮。

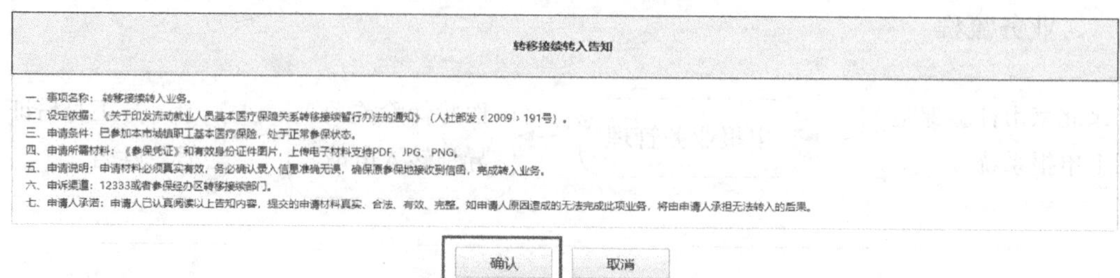

转移接续转入告知

一、事项名称：转移接续转入业务。
二、设定依据：《关于印发流动就业人员基本医疗保险关系转移接续暂行办法的通知》（人社部发〔2009〕191号）。
三、申请条件：已参加本市城镇职工基本医疗保险，处于正常参保状态。
四、申请所需材料：《参保凭证》和有效身份证件图片，上传电子材料支持PDF、JPG、PNG。
五、申请说明：申请材料必须真实有效，务必确认录入信息准确无误，确保原参保地接收到信函，完成转入业务。
六、申诉渠道：12333或者参保经办区转移接续部门。
七、申请人承诺：申请人已认真阅读以上告知内容，提交的申请材料真实、合法、有效、完整。如由申请人原因造成的无法完成此项业务，将由申请人承担无法转入的后果。

确认　取消

4）输入身份证号和姓名，选择类型，单击【确定】按钮。

①类型可选择【普通职工】和【随军配偶】。

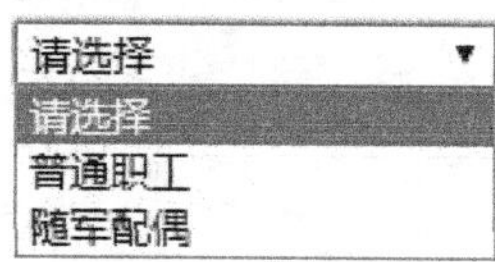

※ 本任务中身份证号应输入“130824198005280066”，姓名输入“白丽”，类型选择“普通职工”。

▶ 申报业务 〉 医疗保险关系转入申请

身份证号码：130824198005280066　姓名：白丽　选择类型：普通职工　确定

Ⅰ. 输入参保信息、转出地社会保险经办机构信息，上传附件，单击【提交】按钮。

身份证号码：130824198005280066　姓名：白丽　选择类型：普通职工　确定

参保人员基本信息

申请人姓名：	白丽	申请人性别：	女	公民身份号码：	130824198005280066
申请人年龄：	40	户籍类型：	城镇（非农业户口）	户籍地地址：	丰台区正阳新开路18号
联系电话：		联系地址：	丰台区正阳新开路	邮政编码：	100071
凭证号：		现参加的基本医疗保险类型：	职工医保	医疗保障编号：	
生成日期：					

参保信息

基本医疗保险类型：	职工医保	*参保起止时间：	2019-12 至 2020-08	转出地：	
其中累计实际缴费月数：	8				

转出地社会保险经办机构信息

*机构名称：	北京市通州区社会保险事业管理中心	*转出地址：	陕西省	*邮政编码：	100022
*联系人：	张三	*联系电话：	18811364647	*行政区划代码：	110112

申请人信息

与参保人关系：无

上传附件

上传电子材料：文档格式可以为PDF、JPG、PNG三种，可通过扫描、拍照方式生成电子文件，多个文件请将其合并为一个文件，最大不超过A4尺寸，大小为120-200K，文档字节数最大不超过1024K；

*参保凭证：参保凭证.png　浏览

返回　提交

上传电子材料的要求包括：文档格式可以为 PDF、JPG、PNG 三种，可通过扫描、拍照方式生成电子文件，多个文件请将其合并为一个文件，最大不超过 A4 纸尺寸，大小为 120~200K，文档字节数最大不超过 1024K；

Ⅱ. 提交后系统显示本次申报业务结果。

※ 本任务中提示“业务操作成功”，说明普通职工白丽医疗保险关系异地转入申请业务办理成功。

②类型选择【随军配偶】。

选择【随军配偶】后操作页面与选择【普通职工】完全一致，详情参考【普通职工】操作流程；业务提交结果增加“基本医疗保险关系转移接续联系函”展示和【下载打印】。

▶ 申报业务 〉 医疗保险关系转入申请

业务操作成功
申报交易流水号：2020092310217213

基本医疗保险关系转移接续联系函

（此表由转入地社会保险经办机构填写并提供给转出地社会保险经办机构）

编号：北京市海淀区/县2020年第28904号

转出地经办机构名称：炮兵勤务汽车队

原在你处的参保人员，因流动就业等原因，现申请将其基本医疗保险关系转移至我处。若无不妥，请按相关规定办理转移手续。

参保人员信息							
姓名	白丽	性别	女	年龄	40	联系电话	
社会保障号（公民身份号码）	130824198005280066			户籍类型	城镇（非农业户口）		
现参加的基本医疗保险类型	职工						
是否需要转移个人账户	是						

转入地社会保险经办机构信息					
开户全称	北京市海淀区社会保险基金管理中心	开户银行行号	321		
开户银行	北京银行双榆树支行	银行账号	01090111092532321000120		
机构地址	海淀区西四环北路	邮政编码	100195	行政区划代码	110108

经办人（签章）：网上申报市级管理员

联系电话：010-88127506

转入地社会保险经办机构名称（章）：北京市海淀区社会保险基金管理中心

日期：2020年09月23日

注：①已进行户籍改革的地区，选填居民；尚未进行户籍改革的地区，选填农业或非农业。

②本函一式两联。一联发给转出地经办机构，一联转入地经办机构留存。

返回　下载打印

（2）申报信息状态查询

该功能用于查找历史申报交易，查看申报交易状态。

1）单击【查询管理】。

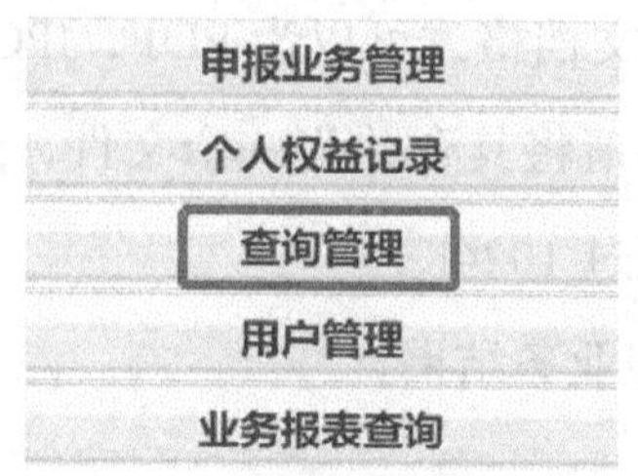

2）选择【申报信息状态查询】。

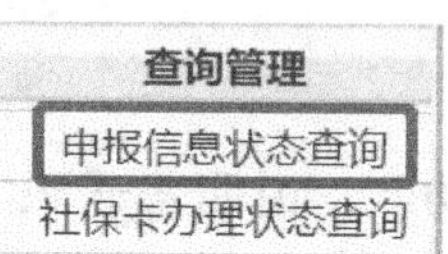

3）输入查询条件，单击【查询】按钮。

※ 本任务中申报流水号应输入“2020091424942781”。

4）查看结果。

※ 本任务中结果展示的普通职工白丽的医疗保险关系异地转入申请业务反馈状态为“审核成功”，办理状态为“处理结束”。

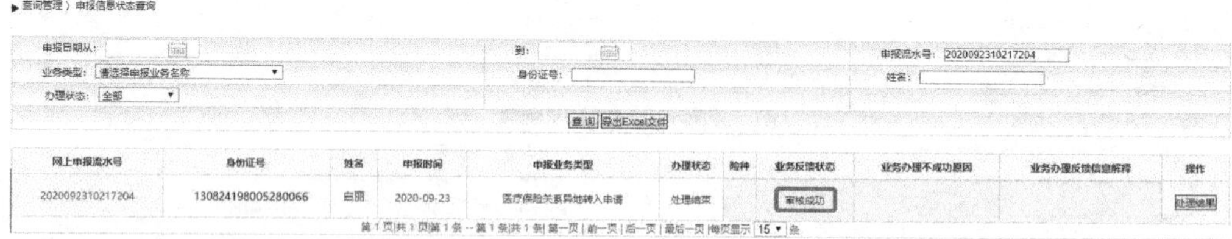

【业务反馈状态】情况说明如下。

审核成功：医疗保险关系异地转入申请业务成功。

审核失败：医疗保险关系异地转入申请业务失败。

4. 操作重点

1）系统提示“业务操作成功”，说明医疗保险关系异地转入申请业务办理成功。

2）上传电子材料的要求包括：文档格式可以为 PDF、JPG、PNG 三种，可通过扫描、拍照方式生成电子文件，多个文件请将其合并为一个文件，最大不超过 A4 纸尺寸，大小为 120~200K，文档字节数最大不超过 1024K。

3）选择【随军配偶】时，业务提交成功后可下载打印“基本医疗保险关系转移接续联系函”。

习题

1.（多选）医疗保险关系异地转入申请可选择的人员类型是下列哪些？

A. 普通职工　　B. 退役军人　　C. 随军配偶　　D. 现役军人

答：【　　】

解析：无。

2. 下列选项中人员类型选择哪种提交后可以下载打印“基本医疗保险关系转移接续联系函”？

A. 普通职工　　B. 退役军人　　C. 随军配偶　　D. 现役军人

答：【　　】

解析：无。

学习领域（二）城镇职工用户

学习任务 1 养老保险关系异地转入

养老保险关系异地转入

一、任务场景

城镇职工魏旭、李天、王振旭申请办理养老保险关系异地转入申请，现通过养老保险关系异地转入功能办理，人员详细信息如下：

姓名：魏旭，身份证号 110226199006073915，人员类型为普通职工；

姓名：李天，身份证号 150424198806073915，人员类型为退役军人；

姓名：王振旭，身份证号 110104196010180012，人员类型为随军配偶。

二、业务流程

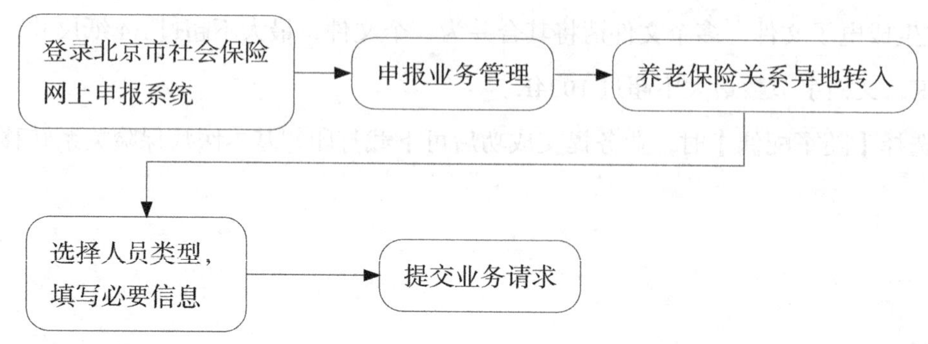

三、数据流程

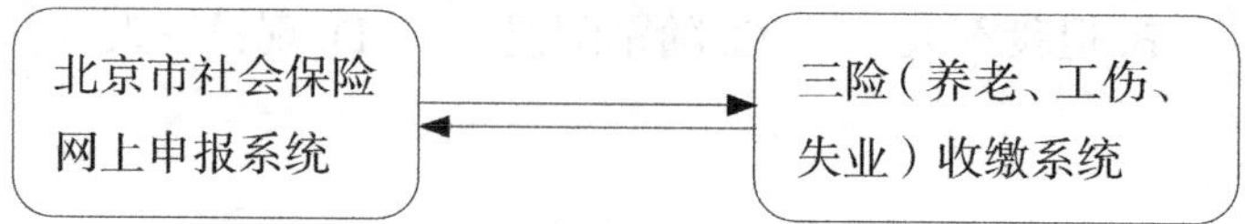

四、业务操作

1. 功能简介

养老保险关系异地转入功能用于城镇职工个人办理养老保险关系异地转入业务。

2. 业务办理时间

每月 4 日至月底最后 1 天，每日早 6：00 至晚 10：00。

3. 操作流程

（1）养老保险关系异地转入

1）单击【申报业务管理】。

2）选择【养老保险关系异地转入】。

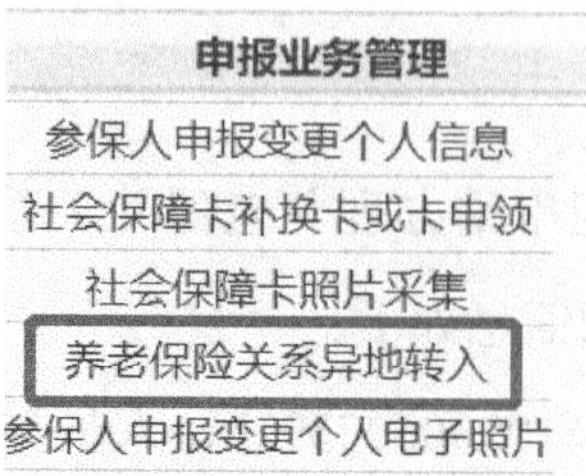

3）选择人员类型，单击【确定】按钮。

▶ 申报业务 〉 养老保险关系转入申请

注意事项：

1. 请您通过转移接续情况查询功能查询当前您基本养老保险关系转入进度情况。
2. 请您保证您录入的凭证信息准确无误，否则责任自负。
3. 如果您提交的人员转入申请类型为退役军人或随军配偶时，请于10个工作日之后通过"查询管理"模块下的"申报信息状态查询"功能，查看受理进度。若受理成功，随军配偶可以通过点击该页面的"申报流水号"，下载《联系函》。
4. 在转出地建立临时账户的，请前往本市参保地的社保经办机构提交材料。
5. 本市尚未开展机关事业养老保险转移接续业务，暂无法支持外省机关事业养老保险转入。

选择类型：普通职工 ▼ 确定

类型可选择【普通职工】、【退役军人】和【随军配偶】。

选择类型：普通职工 ▼ 确定
普通职工
退役军人
随军配偶

①人员类型选择【普通职工】。

输入参保人基本信息、社会保险经办机构信息，上传参保凭证，单击【提交】按钮。

上传电子材料的要求包括：文档格式可以为 PDF、JPG、PNG 三种，可通过扫描、拍照方式生成电子文件，多个文件请将其合并为一个文件，最大不超过 A4 纸尺寸，大小为 120~200K，文档字节数最大不超过 1024K。

基本养老保险参保缴费凭证

参保人员基本信息

姓名	魏旭	性别	男	个人编号	124512
公民身份号码	110226199006073915	户籍地地址			北京市西城区德外街道
在本地参保起止时间	2018-09-12 至 2020-09-22	本地实际缴费月数	36	本地参保期间个人账户储存额	10000
手机号码	手机号码为11位数字				

社会保险经办机构信息

行政区划代码	1020	单位名称	北京吉家商贸有限公司		
电话	18811364647	地址	北京市西城区西直门	邮政编码	100010

上传附件

上传电子材料：文档格式可以为PDF、JPG、PNG三种，可通过扫描、拍照方式生成电子文件，多个文件请将其合并为一个文件，最大不超过A4尺寸，大小为120-200K，文档字节数最大不超过1024K；

* 参保凭证：参保凭证.png 浏览

返回 提交

提交后系统显示本次申报业务结果。

※ 本任务中提示"业务操作成功"，说明普通职工魏旭的养老保险关系异地转入网上申报系统操作已经成功，后续进度情况可通过申报信息状态查询功能查看。

②人员类型选择【退役军人】。

输入军人参保基本信息、军队单位信息，上传参保凭证、信息表，单击【提交】按钮。

上传电子材料的要求包括：文档格式可以为 PDF、JPG、PNG 三种，可通过扫描、拍照方式生成电子文件，多个文件请将其合并为一个文件，最大不超过 A4 纸尺寸，大小为 120~200K，文档字节数最大不超过 1024K。

军人退役基本养老保险参保缴费凭证

扣款方式： 部队划拨 ▾

军人参保基本信息

个人编号	124512	姓名	李天	性别	男
公民身份号码	110102198211013056	安置地地址	北京市西城区		
退役参加基本养老保险项目	◉ 机关事业单位基本养老保险	○ 企业职工基本养老保险			
军人服现役起止时间	2015-10-14 至 2020-10-09	在军队实际缴费月数	60		
单位缴费金额	32322	个人缴费本金	大于0小于等于999999.99	个人缴费利息	大于等于0小于等于999999.99
军人退役基本养老保险补助总额	10000	手机号码	12322321111		
军人职业年金补助总额	18000				

军队单位信息

行政区划代码	1010	单位名称（部队代号）			
电话	18811364647	地址	北京市朝阳区	邮政编码	100010

上传附件

上传电子材料：文档格式可以为PDF、JPG、PNG三种，可通过扫描、拍照方式生成电子文件，多个文件请将其合并为一个文件，最大不超过A4尺寸，大小为120-200K，文档字节数最大不超过1024K；

*参保凭证： 参保凭证.png 浏览 *信息表： 信息表.png 浏览

返回 提交

【退役参加基本养老保险项目】如果选择【机关事业单位基本养老保险】，需选择【扣款方式】。

扣款方式： 请选择 ▾

军人参保基本信息

个人编号	最大70个字符	姓名	李天	性别	男
公民身份号码	110102198211013056	安置地地址	最大不允许超过40个汉字		
退役参加基本养老保险项目	◉ 机关事业单位基本养老保险	○ 企业职工基本养老保险			
军人服现役起止时间	至	在军队实际缴费月数	在军队实际缴费月数为正整数		
单位缴费金额	大于0小于等于999999.99	个人缴费本金	大于0小于等于999999.99	个人缴费利息	大于等于0小于等于999999.99
军人退役基本养老保险补助总额	大于0小于等于999999.99	手机号码	手机号码为11位数字		
军人职业年金补助总额	大于0小于等于999999.99				

【扣款方式】可选择【个人上缴】和【部队划拨】。

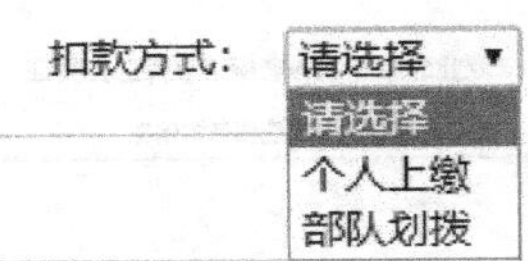

选择【个人上缴】，系统提示如图所示。

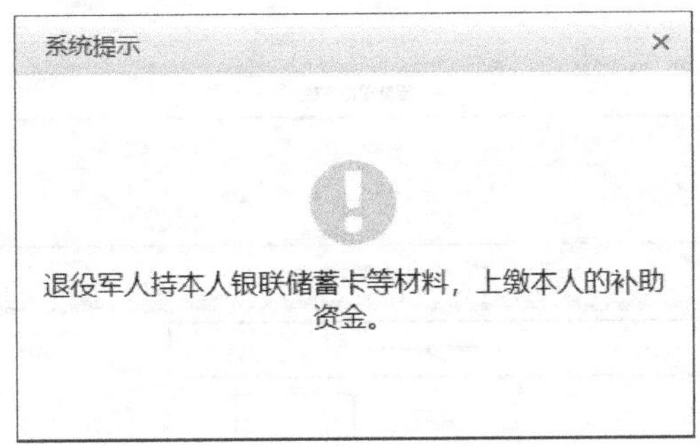

选择【部队划拨】，系统提示如图所示。

部队单位直接将机关养老保险与职业年金补助资金分别汇入社保经办机构机关养老保险收入户、职业年金归集户。

提交后系统显示本次申报业务结果。

※ 本任务中提示“业务操作成功”，说明退役军人李天的养老保险关系异地转入网上申报系统操作已经成功，后续进度情况可通过申报信息状态查询功能查看。

业务受理情况需于 10 个工作日后查看。

③人员类型选择【随军配偶】。

输入未就业随军配偶基本信息、军队单位信息，上传参保凭证、信息表，单击【提交】按钮。

上传电子材料的要求包括：文档格式可以为 PDF、JPG、PNG 三种，可通过扫描、拍照方式生成电子文件，多个文件请将其合并为一个文件，最大不超过 A4 纸尺寸，大小为 120~200K，文档字节数最大不超过 1024K。

未就业随军配偶养老保险参保缴费凭证

未就业随军配偶基本信息

姓名	王振旭			性别	男	个人编号	124512
公民身份号码	110104196010180012				户籍地地址	北京市西城区德外街道	
参保起止时间	2018-09-12	至	2020-09-22	实际缴费月数	24	个人账户储存额	10000
手机号码	手机号码为11位数字						

军队单位信息

行政区划代码	1020	单位名称			
电话	最大不超过20个字符	地址	北京市朝阳区	邮政编码	100010

上传附件

上传电子材料： 文档格式可以为PDF、JPG、PNG三种，可通过扫描、拍照方式生成电子文件，多个文件请将其合并为一个文件，最大不超过A4尺寸，大小为120-200K，文档字节数最大不超过1024K：

* 参保凭证：参保凭证.png 删除　* 信息表：信息表.png 删除

返回　提交

提交后系统显示本次申报业务结果。

※ 本任务中提示“业务操作成功”，说明随军配偶王振旭的养老保险关系异地转入网上申报系统操作已经成功，后续进度情况可通过申报信息状态查询功能查看，并下载“联系函”。

业务受理情况需于 10 个工作日后查看。

（2）申报信息状态查询

该功能用于查找历史申报交易，查看申报交易状态。

1）单击【查询管理】。

2）选择【申报信息状态查询】。

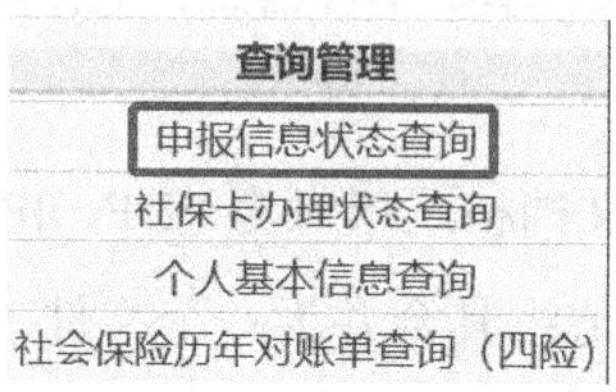

3）输入查询条件，单击【查询】按钮。

※ 本任务中申报流水号应输入“2020091825438069”。

4）查看结果（受理成功）。

※ 本任务中结果展示的普通职工魏旭的养老保险关系异地转入业务反馈状态为“受理成功”，办理状态为“处理中”。此状态说明该项养老保险关系异地转入业务未办理完结。

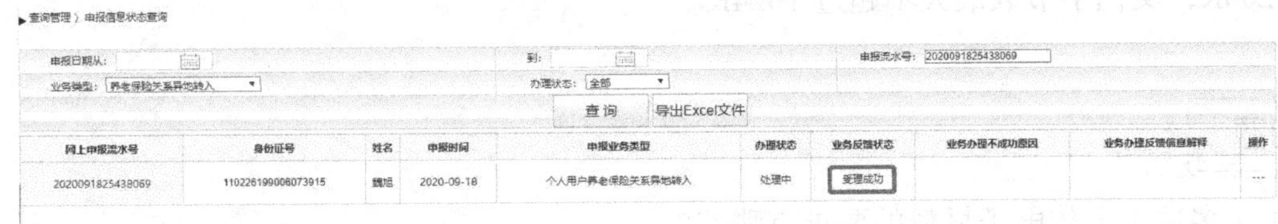

网上申报流水号	身份证号	姓名	申报时间	申报业务类型	办理状态	业务反馈状态	业务办理不成功原因	业务办理反馈信息解释	操作
2020091825438069	110226199006073915	魏旭	2020-09-18	个人用户养老保险关系异地转入	处理中	受理成功			---

5）查看结果（处理成功）。

※ 本任务中结果展示的普通职工魏旭的养老保险关系异地转入业务反馈状态为“处理成功”，办理状态为“处理结束”。此状态说明该笔养老保险关系异地转入业务办理完结。

查询管理 〉申报信息状态查询

申报日期从： 到： 申报流水号： 2020091825438069

业务类型： 养老保险关系异地转入 办理状态： 全部

查 询 导出Excel文件

网上申报流水号	身份证号	姓名	申报时间	申报业务类型	办理状态	业务反馈状态	业务办理不成功原因	业务办理反馈信息解释	操作
2020091825438069	110226199006073915	魏旭	2020-09-18	个人用户养老保险关系异地转入	处理结束	处理成功			---

【业务反馈状态】情况说明如下。

已提交待处理：养老保险关系转入提交成功，等待养老系统反馈受理结果。

受理成功：养老系统受理成功，等待审核结果反馈。

受理失败：养老系统受理失败。

处理成功：养老审核成功。

处理失败：养老审核失败。

4. 操作重点

1）申报反馈页面提示“业务操作成功”，说明养老保险关系异地转入网上申报系统操作已经成功，后续进度情况可通过申报信息状态查询功能查看。

2）人员类型可选择【普通职工】、【退役军人】、【随军配偶】。选择【普通职工】，业务系统实时受理；选择【退役军人】和【随军配偶】，受理结果需 10 个工作日后反馈到网上申报系统。

3）上传电子材料的要求包括：文档格式可以为 PDF、JPG、PNG 三种，可通过扫描、拍照方式生成电子文件，多个文件请将其合并为一个文件，最大不超过 A4 纸尺寸，大小为 120~200K，文档字节数最大不超过 1024K。

习题

1.（多选）上传电子材料的要求有哪些？

A. PDF、JPG、PNG 格式

B. 文档字节数最大不超过 1024K

C. 多个文件请将其合并为一个文件

D. 最大不超过 A4 纸尺寸，大小为 120~200K

答：【　　】

解析：无。

2.（多选）【退役参加基本养老保险项目】如果选择“机关事业单位基本养老保险”，【扣款方式】可选择下列哪些？

A. 个人上缴　　B. 部队划拨　　C. 自助缴费　　D. 以上都可以

答：【　　】

解析：无。

医疗保险关系异地转入申请

学习任务 2 医疗保险关系异地转入申请

一、任务场景

城镇职工白丽申请办理医疗保险关系异地转入申请，现通过医疗保险关系异地转入申请功能办理，人员详细信息如下：

姓名白丽，身份证号 130824198005280066，人员类型为普通职工。

二、业务流程

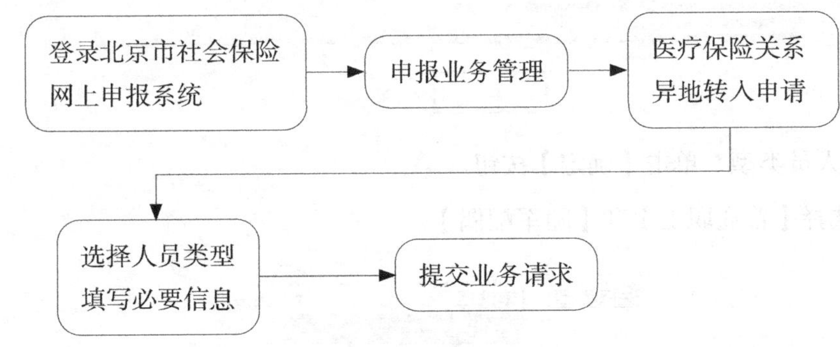

三、数据流程

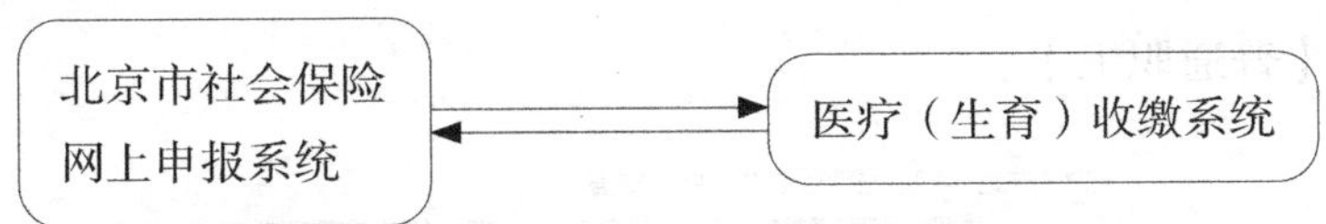

四、业务操作

1. 功能简介

医疗保险关系异地转入申请功能用于城镇职工个人办理医疗保险关系异地转入申请业务。

2. 业务办理时间

每月 4 日至 25 日，每日早 6：00 至晚 10：00。

3. 操作流程

（1）医疗保险关系异地转入

1）单击【申报业务管理】。

2）选择【医疗保险关系异地转入申请】。

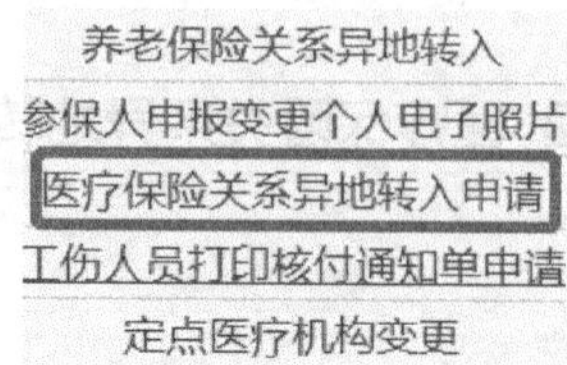

3）查看【转移接续转入告知】，单击【确认】按钮。

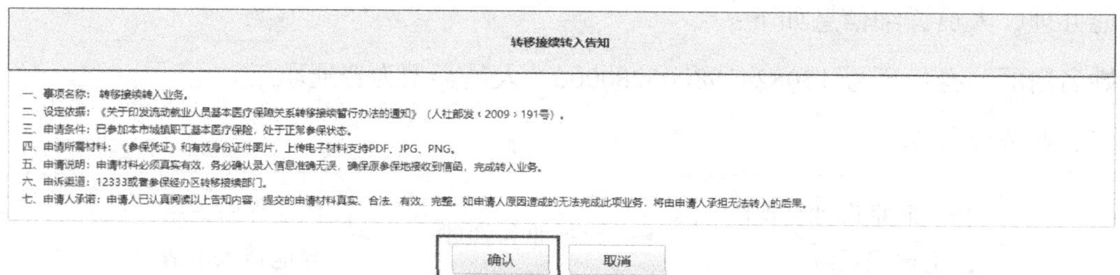

转移接续转入告知

一、事项名称：转移接续转入业务。
二、设定依据：《关于印发流动就业人员基本医疗保障关系转移接续暂行办法的通知》（人社部发〔2009〕191号）。
三、申请条件：已参加本市城镇职工基本医疗保险，处于正常参保状态。
四、申请所需材料：《参保凭证》和有效身份证件图片，上传电子材料支持PDF、JPG、PNG。
五、申请说明：申请材料必须真实有效，务必确认录入信息准确无误，确保原参保地接收到信函，完成转入业务。
六、申诉渠道：12333或者参保经办区转移接续部门。
七、申请人承诺：申请人已认真阅读以上告知内容，提交的申请材料真实、合法、有效、完整。如申请人原因造成的无法完成此项业务，将由申请人承担无法转入的后果。

确认　取消

4）选择人员类型，单击【确定】按钮。

类型可选择【普通职工】和【随军配偶】。

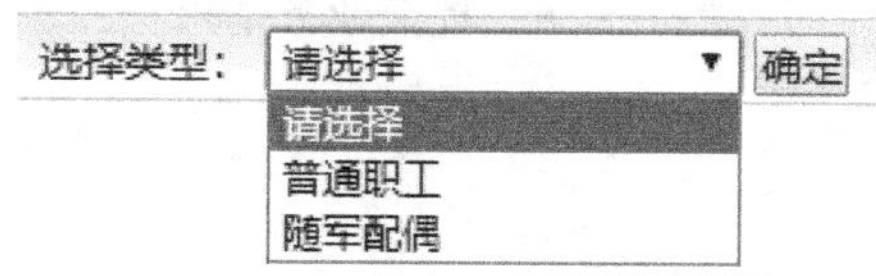

①类型选择【普通职工】。

▶ 申报业务 〉 医疗保险关系转入申请

选择类型：普通职工 确定

Ⅰ. 输入参保信息、转出地社会保险经办机构信息，上传 附件，单击【提交】按钮。

上传电子材料的要求包括：文档格式可以为 PDF、JPG、PNG 三种，可通过扫描、拍照方式生成电子文件，多个文件请将其合并为一个文件，最大不超过 A4 纸尺寸，大小为 120~200K，文档字节数最大不超过 1024K。

▶ 申报业务 〉 医疗保险关系转入申请

选择类型：普通职工　确定

参保人员基本信息

申请人姓名：白丽　申请人性别：女　公民身份号码：130824198005280066

申请人年龄：40　户籍类型：城镇（非农业户口）　户籍地地址：丰台区正阳新开路18号

联系电话：　联系地址：丰台区正阳新开路　邮政编码：100071

凭证号：　现参加的基本医疗保险类型：职工医保　医疗保障编号：

生成日期：

参保信息

基本医疗保险类型：职工医保　*参保起止时间：2019-12 至 2020-08　转出地：

其中累计实际缴费月数：8

转出地社会保险经办机构信息

*机构名称：北京市通州区社会保险事业管理中心　*转出地址：陕西省　*邮政编码：100022

*联系人：张三　*联系电话：18811364647　*行政区划代码：110112

申请人信息

与参保人关系：无

上传附件

上传电子材料：文档格式可以为PDF、JPG、PNG三种，可通过扫描、拍照方式生成电子文件，多个文件请将其合并为一个文件，最大不超过A4尺寸，大小为120-200K，文档字节数最大不超过1024K；

*参保凭证：参保凭证.png　浏览

返回　提交

Ⅱ. 提交后系统显示本次申报业务结果。

※ 本任务中提示“业务操作成功”，说明普通职工白丽医疗保险关系异地转入申请业务办理成功。

②类型选择【随军配偶】。

选择【随军配偶】后的操作页面与选择【普通职工】完全一致，详情参考【普通职工】操作流程。业务提交结果增加“基本医疗保险关系转移接续联系函”展示和【下载打印】。

▶ 申报业务 〉 医疗保险关系转入申请

业务操作成功
申报交易流水号：2020100826165930

基本医疗保险关系转移接续联系函

（此表由转入地社会保险经办机构填写并提供给转出地社会保险经办机构）

编号：北京市海淀区/县2020年第28904号

转出地经办机构名称：炮兵勤务汽车队

原在你处的参保人员，因流动就业等原因，现申请将其基本医疗保险关系转移至我处。若无不妥，请按相关规定办理转移手续。

参保人员信息

姓名	[illegible]	性别	[illegible]	年龄	40	联系电话	
社会保障号（公民身份号码）	130824198005280066			户籍类型	城镇（非农业户口）		
现参加的基本医疗保险类型	职工						
是否需要转移个人账户	是						

转入地社会保险经办机构信息

开户全称	北京市海淀区社会保险基金管理中心	开户银行行号	321		
开户银行	北京银行双榆树支行	银行账号	01090111092532321000120		
机构地址	海淀区西四环北路	邮政编码	100195	行政区划代码	110108

经办人（签章）：网上申报市级管理员

联系电话：010-88127506

转入地社会保险经办机构名称（章）：北京市海淀区社会保险基金管理中心

日期：2020年09月23日

注：①已进行户籍改革的地区，选填居民；尚未进行户籍改革的地区，选填农业或非农业。

②本函一式两联。一联发给转出地经办机构，一联转入地经办机构留存。

返回　下载打印

（2）申报信息状态查询

该功能用于查找历史申报交易，查看申报交易状态。

1）单击【查询管理】。

2）选择【申报信息状态查询】。

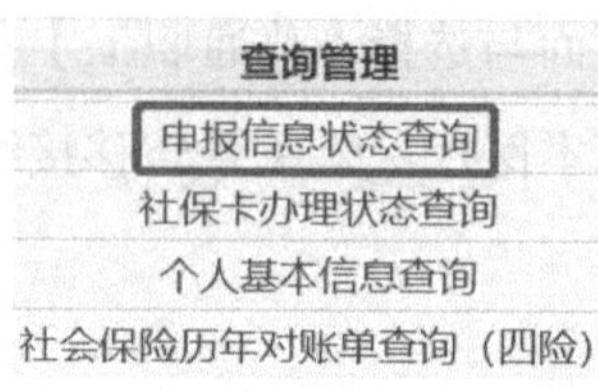

3）输入查询条件，单击【查询】按钮。

▶ 查询管理 〉 申报信息状态查询

申报日期从：　到：　申报流水号：

业务类型：医疗保险关系异地转入申请　办理状态：全部

查询　导出Excel文件

网上申报流水号	身份证号	姓名	申报时间	申报业务类型	办理状态	业务反馈状态	业务办理不成功原因	业务办理反馈信息解释	操作

※ 本任务中申报流水号应输入“2020091124889939”。

4）查看结果。

※ 本任务中结果展示的普通职工白丽的医疗保险关系异地转入申请业务反馈状态为“审核成功”，办理状态为“处理结束”。

查询管理 〉申报信息状态查询

申报日期从： 到： 申报流水号：2020091124889939

业务类型：医疗保险关系异地转入申请 办理状态：全部

查 询 导出Excel文件

网上申报流水号	身份证号	姓名	申报时间	申报业务类型	办理状态	业务反馈状态	业务办理不成功原因	业务办理反馈信息解释	操作
2020091124889939	130824198005280066	白丽	2020-09-11	个人用户医疗保险关系异地转入申请	处理结束	审核成功			···

第 1 页|共 1 页|第 1 条 -- 第 1 条|共 1 条| 第一页 | 前一页 | 后一页 | 最后一页 |每页显示 15 条

【业务反馈状态】情况说明如下。

审核成功：医疗保险关系异地转入申请业务成功。

审核失败：医疗保险关系异地转入申请业务失败。

4. 操作重点

1）系统提示“业务操作成功”，说明医疗保险关系异地转入申请业务办理成功。

业务操作成功

申报交易流水号：2020091124889939

2）上传电子材料的要求包括：文档格式可以为 PDF、JPG、PNG 三种，可通过扫描、拍照方式生成电子文件，多个文件请将其合并为一个文件，最大不超过 A4 纸尺寸，大小为 120~200K，文档字节数最大不超过 1024K。

3）选择【随军配偶】时，业务提交成功后可下载打印“基本医疗保险关系转移接续联系函”。

习题

1.（多选）医疗保险关系异地转入申请可选择的人员类型有下列哪些？

A. 普通职工　　B. 退役军人　　C. 随军配偶　　D. 现役军人

答：【　　】

解析：无。

2. 下列选项中人员类型选择哪种提交后可以下载打印“基本医疗保险关系转移接续联系函”？

A. 普通职工　　B. 退役军人　　C. 随军配偶　　D. 现役军人

答：【　　】

解析：无。